JN113941

捻くれ者の生き抜き方

2代目人間風車

鈴木秀樹

日貿出版社

はじめに

この本のタイトルにある通り、僕は世間的には「捻くれ者」で「面倒臭い」「厄介者」。東スポからは「偏屈者」だと言われています。それについては別にどうということはないのですが、僕の視点から見れば「お前らの方が変わってるよ！」です。

実のところ自分自身は捻くれていると思ったことはありません（笑）。

例えば郵便局時代のことですが、上司のおかしな指示に文句を言いながら従う同僚や先輩のことが不思議でしょうがありませんでした。

文句があるのならやる前に言えば良いだけなのに言わないし、何か別の解決策があるわけでもない。僕が嫌だったのは上司ではなく、そういう同僚や先輩でした。

僕はそんな人たちと一緒に仕事をするのが嫌だったので、どうするか考えた結果、「接する時間を減らせばいい」と自分の仕事を早く終わらせることにしました。

本当は辞めたかったんですけど、続けたのは他に何もやることがなかったのと、就職氷河期といわれた時代で、他に働き口を探すのが大変だったからです。

そこで気がついたのは、「ゴールは同じでも、その過程の手順はそれぞれ違うのだから干渉しても意味がない」ということです。

「勤務時間が終わるまでいればいいと思う人」

「残業してお金を稼ぎたい人」

「早く帰りたい人」

の3種類の人がいるとして、その人たちに「お前は間違っている」と言っても無意味だし、無理やり同じ時間を過ごすのも無駄だということです。

だったら「それぞれやりましょう」と。


この本では僕なりのプロレス論を中心に、今までのキャリアを振り返ってみました。

なんとなく自分が世間からズレていると感じている人に、〝ああ、そういう考え方もあるのか〟と思えるところがあれば幸いです。

2020年9月　鈴木秀樹

目次

第一部　偏屈者のプロレス論　リングで生き抜くために　10

第二部　正直者の人生論　フリーで生き抜くために　157

撮影・長尾 迪
試合写真協力・週刊プロレス

第一部

偏屈者のプロレス論

リングで生き抜くために

自分の好きなことをやっても見てくれない

僕はデビューしたIGF※を出て以来、ずっとフリーでやっています。団体に所属したことはないというか、どこからも声がかからなかったからです。どの団体もたまに呼ぶ選手としてはいいけど、所属選手としては嫌だったんじゃないですかね（笑）。フリーとしての距離感がちょうど良かったんでしょう。

もし僕がどこかの団体の代表だとしたら、やっぱり僕を雇うのは嫌ですよ。僕を扱う上司とか、面倒臭いと思いますもん（笑）。

フリーになった当初は、自分をどうプレゼンすればいいかわかりませんでした。でも周囲から「ビル・ロビンソン※の後継者」みたいなことをしきりに言われたんです。「だったらロビンソンの技をそのまま使ってやろう」って。だから自分がこのスタイルを好きなわけではないんです（笑）。駄目なレスラーはだいたい、そこを間違えているんです。好きなこと、好きな技をやってしまう。それは自分が好き

※IGF（イノキ・ゲノム・フェデレーション）2007～2016年頃まで活動した団体。プロレスと格闘技がクロスオーバーした試合形式が特徴的。パキスタンや北朝鮮でも大会を行っている。現在（2020年）は格闘技団体としての業務は停止している。

なだけだから、人は見てくれません。

だから今やっていることも自分にとっての理想像ではないですね。「ロビンソンがやっていたことを現代にやったらどうなるか？」という実験です。ファンとして理想を言うなら武藤敬司さん、（グレート・）ムタ、スタイナー兄弟とかが好きでした。だけど結果的には違うことをやっています。

やっぱり、

「プロレスを自分のためにやるのは、なかなか難しいな」

というのがあったんですね。

※ビル・ロビンソン（Bill Robinson、本名：William A. Robinson）1938年9月18日～2014年2月27日。得意技のダブルアームスープレックスから「人間風車」の異名をとったイギリス出身の名レスラー。日本では国際プロレス、新日本、全日本のリングに上がっている。引退後は東京・高円寺にあるU.W.F.スネークピットジャパン（代表：宮戸優光　現C.A.C.C.スネークピットジャパン）のヘッドコーチに就任。鈴木秀樹、井上学などにCACC（次項参照）を指導する。

ロビンソンのフェイクレスラー

だからロビンソンのモノマネをしようと決めた時に、いろいろなことが定まった感じです。

もちろんそこに行き着くまでにもいろいろ試しました。だけどどれもお客さんに評価されないし、自分でもしっくりこない。

その時に「僕が得意で、他の人ができないことはなにか？」と考えたわけです。それが「ロビンソンに教わったこと＝キャッチ アズ キャッチ キャン※（以下、CACC）」だった。あんまり他で教えていなかったから。

「それじゃあ、全部それに合わせよう」

ということで、入場曲からコスチュームまで用意しました。

ショートタイツを使っているのもそれが理由で、ロビンソンの使った色を調べて使っています。だから好き嫌いで選んだわけではありません。

僕はロビンソンのフェイクレスラーなんですよ（笑）。

※キャッチ アズ キャッチ キャン（CACC　Catch As Catch Can）。関節技があるレスリングとも言われ、現在のプロレスの源流とされている組み技系格闘技。鈴木はこれをビル・ロビンソンより学んだ。著書『ビル・ロビンソン伝　キャッチ アズ キャッチ キャン入門』（鈴木秀樹著　日貿出版社）に詳しい。

それをわかった上で、僕のイメージとしては、ギリギリの線を越えないように試合をしているんです。それがお客さんからも見えている。越え過ぎちゃって裁判を起こされたのが（ケンドー・）カシン（石澤常光）※です（笑）。

僕は、

「どうなるんだろう？」と、思わせることを意図的にやっています。

※ケンドー・カシン（本名：石澤常光）1968年8月5日～。青森県南津軽郡出身。1992年に金本浩二戦でプロレスデビュー。元慶應義塾大学非常勤講師、元WWEコーチ。著書に『フツーのプロレスラーだった僕がKOで大学非常勤講師になるまで』『50歳で初めてハローワークに行った僕がニューヨーク証券取引所に上場する企業でゲストコーチを務めるまで』（共に徳間書店）がある。

混沌から仕事を作り出す

このギリギリを狙うというのが僕の最大の強みです。

一見、終始グチャグチャの混沌とした状態に見えるけど、必ず最後に整合性を取る。

混沌というのはお客さんが想像してない場面を作り出すということです。

プロレスに限らず、映画でもドラマでも見始める前にみんなどうなるか予想や想像しますよね。

プロレスの場合は、まずバッと両者が組んで、速い攻防をして、どちらかがロープに押し込んで、クリーンに離れて場内から拍手が起きる、というようなことが定型としてある。それで喜ぶお客さんがいるのは構わないけれど、それは僕でなくてもできること。だから違うことをする。

それがわかりやすかったのは大日本プロレスでの仕事です。

「通り魔」から「王者」への〝仕掛け〟

大日本プロレスではストロングヘビー級のベルトを2回、それぞれ5度防衛しています。

ただ参戦当初は迷いがありました。

それは「デスマッチの大日本」に僕のようなスタイルの人間が受け入れられるのかがわからなかったからです。もちろん必ずしも受け入れられなくても構わないのですけど、活気のある大日本の様子をしっかり知っておいた方がいいだろうと思い、最初は様子を見る感覚でした。

参戦して一年もするとリングの上はもちろん、お客さんの声も段々わかってきたので、中之上（靖文）選手に仕掛けました。

この日の試合※は横浜文体（横浜文化体育館。以下「文体」）の第二試合で、僕と宇藤（純久）君対浜亮太&中之上だったのですが、タッチ権が無いまま中之上選手を捕まえてボコボコにしました。お客さんものんびり気分で観ていた普通のタッグ

※2016年5月5日「大日本プロレス　Endless Survivor」横浜文化体育館

で何が起きたのかわからなくて、唖然としている感じで。控室でモニターを見ていた記者が全員飛んできましたね（笑）。

これが大日本で作った最初の「混沌」でした。お客さんも、記者も、選手も、誰も考えていなかったことをやる。この時の僕の考えとしては、少なくとも試合後に別取材が来るくらいのことをやろうと思って仕掛けています。

後日『週刊プロレス　２０１６・６・８号』で注目の試合をピックアップする「CLOSE UP BOUT!!」にこの試合が取り上げられ、通常の大会レポートとは別に「裏・横浜凄戦」というタイトルで見開き２ページで紹介されている。

あと、控室で見ている選手にも「鈴木は面倒で口うるさいけど、試合を見たら文句を言いづらい」と思わせようと思っていました。

お客さんにとっては、多分それまでの僕はそれほど印象に残らない選手だったと思います。それが変わったのはこの試合からでしょう。良い悪いを別にして確実にお客さんに印象を残せました。「鈴木はなにをするかわからない奴だ」と。

この時点ではベルト（ＢＪＷ認定世界ストロングヘビー級王座）についてはまだそれ程ではなくて、それよりもまず、その時のチャンピオンだった岡林（裕二）選手の存在を消そうと。それもあって次のタッグでも中之上に仕掛けたわけです※。この日の試合は王者の岡林＆中之上と僕と宇藤君だったんですけど、前回同様に徹底的に中之上を狙っていきました。リングの上では現王者の岡林さんが試合をしているんだけど、注目は僕に集めてしまう。

タッグは混沌した状況を作るのにいいんです、それを利用して序列をひっくり返してしまえるので。

お陰様で週プロさんからは、

「通り魔」と呼ばれました（笑）。

※ 2016 年 5 月 30 日「大日本プロレス　後楽園大会」後楽園ホール

写真提供　週刊プロレス

「週刊プロレス　2016・6・22号」で「いま、大日磁場が生んだ理由なき因縁に圧倒的支持率　氷の視線で熱狂を呼ぶ男・鈴木秀樹がコワすぎる！　問題傑作！」として紹介。写真キャプションで「もはや〝通り魔〟」と紹介された。

二つ目の「混沌」は勝手に「ベルトへの挑戦者決定戦をやろう」と宣言したことです。中之上選手との試合も2回くらいで面白くなくなってきたから。彼は空っぽなんですよ（笑）。だからそれ以上の展開がないんですね。夏の終わりにはもう飽きられているのがわかっていたので「じゃあベルトだ」と。

ただその時点では神谷（英慶）君が王者で、「プレッシャーに負けているな」と思って見ていた感じです。それが変わったのはベルトの挑戦者が関本（大介）選手になった時です。いい流れだと思ったので、そこでは割り込まずタイミングを待って「挑戦者決定戦」を宣言しました。事前に登坂社長にも相談なく、挑戦者も僕が勝手に河上（隆一）選手を指名して。自分でも「何様だよ」と思いますね（笑）。

ただ「混沌」の段階はここまでで、ここからは段々と「整合性」を取っていきました。この場合は看板である関本選手との大一番ですから、ストロングスタイルでしっかりした試合を見せることで他のストロング勢を黙らせる必要があった。

最初の試合（２０１７年3月５日）は30分時間切れ引き分けでドロー。誰か他の選手から「次は俺だ」という声が上がるかと思ったらなかったので、「誰も挑戦者が出てこないので、（3月）30日にやりましょう」と、そこは感性で「今月中にもう一度」と異例の再戦要求です。

こういうことはお客さんのいる前で、

ライブで言うことが大事

なんです。

インターネットが生活の基本にある世界だからこそ大事。そこから二度ベルトを巻き、合計10回防衛しました。これはフリーの選手としては異例のことでしょう※。

※ 2017 年第 10 代 BJW 認定世界ストロングヘビー級王座、5 回防衛。2018 年第 12 代同王座、5 回防衛。

無意味さの意味

ちなみにあの時、中之上選手に対して僕があぁした行動を取ったのは、別に彼に怒ってということではありません。素直に「こいつはなんのためにプロレスをやっているんだ?」と疑問に思ったからです。僕には彼が「無味乾燥」に見えたので、「こういう奴に、こういうことをしたらどうなるんだろう?」と考えました。

みんなが「普通のプロレス」をしているので「普通の反応しかない」と思ったんです。だからあえて無意味な行動で「中之上選手はもちろん、会場にいるお客さんにも全く意味のわからないことをやった時に何が起こるのか」、それが出発点でした。

結果この時は「無意味な行動」をきっかけにテーマが生まれ、ベルトへ繋がるわけなので、「その瞬間、何をしたのか」が大事なわけです。

こういう「ギリギリのラインで試合を成立させる」ということは、他の選手も本当はやりたいんだけどできないんでしょう。できない理由は、「もし試合が成立しなかったらお客さんや主催者の目が怖い」から。自分の評価を下げたくない。みんな「空気」が怖いんですよ。

僕の場合はＩＧＦで鈴川（真一）とグチャグチャの試合※をして、それが週プロに「ザ・問題作」と書かれて記事になった時に、「こういう試合をすると書かれるんだ」と気がついてから意識的にやっています。

ただその試合をやった時は狙ってやったわけじゃなくて、当時は全然意味を感じなかったですね。むしろそういう品も技術もない試合が嫌で、当時はロビンソンに教えてもらった「技術を見せればいいんだ」と思っていたこともあって、猪木さんにも「こんな試合をするくらいなら辞めますよ」と言いました。

だけど一方でそれは僕から見たものであって、お客さんからの目線とは違うことにも気づいたわけです。

※ 2011 年 7 月 10 日「IGF GENOME16」東京ドームシティホールで鈴川真一と対戦、壮絶な喧嘩マッチとなりノーコンテストで終了。試合後、エグゼクティブ・プロデューサーの蝶野正洋氏は「客にわかる戦いをしろ！」と後日の再戦をマイクで促すが、レフリーの宮戸優光氏の判断で再試合に。しかし展開は変わらず最終的にノーコンテストとなった。

技術よりも大事なこと

そういうなかであったのが藤田（和之）さんとの試合※でした。

5対5マッチだったんですけど、藤田さんとはシングルの気持ちで「技術で見せよう」と向かい合いました。

だけど実際リングでやったのはレスリングではなくエルボーの打ち合いばかりになってしまって、その時に控室で文句つけたんです。「あんなチンピラでも馬鹿でもできることがプロレスですか？」と。

僕としては藤田さん相手であればちゃんとした技術の攻防が見せられると思っていたんです。そうしたら、

「技術があっても気持ちがないと観てくれない」

と言われて。

今にして思えばその通りなんですけど、その時はまだわかりませんでしたね。

※2013年7月20日「IGF　GENOME27」大阪・ボディメーカーコロシアム　IGFスペシャルマッチ〜藤田軍対小川軍イリミネーションマッチ（時間無制限）藤田和之＆ボビー・ラシュリー＆鈴川真一＆澤田敦士＆ボブ・サップ対小川直也＆天田ヒロミ＆鈴木秀樹＆将軍岡本＆ピーター・アーツ

写真提供　週刊プロレス

わかったのはフリーになってしばらくしてから。ある時、後輩の子にアドバイスを求められて、気がついたら藤田さんに言われたことをそのまま言っていて、「ああ、そういうことだったんだ」と。技術というのは持っていなきゃいけない最低限のことで、その前に「闘う心構え」がなければ何も見せられない。それを教えてくれたのは藤田さんです。

その上で僕なりの「表現」の仕方が「ギリギリ」なんです。

もっとも今では僕が「いいから黙って僕の言う通りやってください」と、プロレスのなんたるかを教えています（笑）。一度も言うことを聞かないけど（笑）。

プロレスにおける整合性とはなにか

じゃあ、その「ギリギリの状態」で何を目指すかと言えば「整合性」です。ただ僕の言う「整合性」はお客さんの満足度が高い試合ということではありません。「大会が成立したか」ということです。「成立」というのは主催者に対してしっかりお客さんが集まっていて「これで文句ないでしょう?」ということ。

僕が仕掛けたそこまでの過程やストーリーにちゃんと「整合性」があるからしっかりお客さんが来ているわけです。それが「成立」なんです。お客さんが集まらず興行的に失敗していたら、どんなに良い試合をしても「不成立」です。

お客さんに対しては組まれた時点で成立している必要がある。

「試合が沸いた、盛り上がったから結果良かった」というのは逃げですね。

その理屈だとカードを発表した時点では大会が成立していないということですし、成立するかどうかわからないものでチケットを売るのは無責任でしょう。逆に試合が良かったかどうかで成立云々を言うならプロじゃないですよ。

カードを組むということは、それで客が来ると思ってやっているわけですから、そこが重要です。

試合は「見てもらう」ではなく「見せる」もの

もちろん試合がどうでもいいわけではないです。ただそこでお客さんの満足度を考えすぎると良くないのも確かです。

「見てもらう」ではなく、あくまで「見せる」というスタンスです。

そこで優先されるのは「自分のやりたいこと」です。理由は、「やりたいようにやる鈴木秀樹を使っている。その鈴木秀樹を観に来ている人達がいるのであれば、僕はやりたいようにやる」。それがお客さんとの最低限の取り決めだからです。

その上で、関本さんとの試合のテーマは「他のストロングの選手達を突き放す試合をすること」でした。アベレージが圧倒的に高い試合です。

関本さんは「誰にでも合わせて凄い試合をする」選手で、

僕は逆に「相手が誰でも僕の試合になる」。僕の世界に「引きずり込む」んです。

そこで「ふざけるな！」と来ると面白くなる。

関本さんはやっぱり凄かったです。大日本だと他には岡林さん、（アブドーラ・）

小林さん、伊東（竜二）さんはそんな感じでしたね。神谷君、（橋本）大地君が頑張って付いてきました。

ベルトを獲ったら無視はできない

僕にとって大日本でベルトを獲るというのは、自分の居場所を作るための手段でした。大日本プロレスはデスマッチの団体。そのなかで生き残るためにはベルトが必要だったわけです。それとデスマッチに対する牽制ですね。

今もそうなんですけど、大日本ではデスマッチ勢とストロング勢の二つが完璧に分かれていたんです。それ自体は団体のカラーなので構わないんですけど、僕自身がその価値観のなかに入ってしまうと埋もれてしまう。だからそれを「ごちゃ混ぜにしてやろう」という意図があって、そのためにはベルトを持った状態の方が良かったわけです。（ベルトを持ったら）無視できませんからね。一方でいわゆるストロングの試合はしっかり見せる。そうすることでストロング勢も僕に文句を言えない。僕がペースを握った状況を作ったわけです。

俺はお前たちの職場を奪いに来た

こう言うと大日本の非デスマッチの選手を代表しているように聞こえるかもしれないんですけど、それは全然違う。僕は、

「お前らと友達になる気はない。お前たちの職場を奪いに来た」

と言ってました。

やりたいようにやるし、文句があれば僕の前に出てくればいいわけです。それができないというのはプロとして駄目でしょう。

もし大日本プロレスがデスマッチ団体であることに不満がある選手がいるのなら、フリーになればいい。だけど、今の大日本でフリーになれる選手はいないでしょう。そんな甘いものじゃない。

もっともそれは僕も同じで、僕のこの性格で所属のレスラーはできるとは思いません（笑）。そういう意味ではお互い様です。

大日本時代を含めて僕がいつも怒っているように見えたとしたら、ここまで言っているのに誰も出てこないことに対する苛立ちです。

ただこれは僕だけではなく、竹田（誠志）さんとも話してました。シャワー室で「誰かに来てほしいよね」「これならベルトを廃止にしていいんじゃないかな」ということは何度も話しています。またお客さんもその状態を良しとしている。「じゃあ、ベルトの価値って何なんだ」ということです。これは忍（菅原忍）さんも言っていました。「誰も獲りに来ないベルトなんか無くてもいい」と。

お客さんが入っていて満足しているのであれば、それはいいことであるし、結果として受け入れなければいけない。だけどそこでプロであれば、「そうじゃない反応もあるんじゃないのか」ということは頭になければ駄目でしょう。

大日本プロレスということで限定して言えば、「自分はデスマッチをしないから」「鈴木は面倒くさい」と見て見ぬ振りをしてる姿勢は、必ずお客さんに伝わるしマンネリになります。

こういう風に説明すると何もかも計画して予定通りなのかと思われるかもしれませんけど、実際はそうでもありません。

大きな物語は持っているけれど、〝その場で必要に応じて〟も多い。

置かれている状況から逆算する

例えば最初の中之上選手と試合の場合、その時に自分が置かれていた状況も関係しています。

「フリーの人間が大きな大会の第二試合で全くテーマ性のないタッグ戦をやっている」ということに危機感がありました。僕はギャラの安い選手ではありません。逆に言えばそんな選手をなんのテーマもない「余り物」のようなタッグに使うというのは、雇っている側にとって使いどころがなくなっているということです。所属選手であれば、そうしたこともカードの都合やルーチンとしてあるでしょうが、フリーの人間にとってはかなりマズイ状態です。放っておけばそのまま呼ばれなくなり仕事がなくなる。それはわかっていました。

そういう状況から逆算して、改めてタッグの面子を見回したら相手のコーナーにいるのは浜さん、中之上選手。誰かに仕掛けようと考えた時に、浜さんは得意なキャラがあるので動かしようがない。「じゃあ、中之上だ」と。仕事を作る上でそういう状況分析が必要なわけです。

もちろん、そうして起こした行動の結果がネガティブに受け取られることもあるでしょう。「勝手なことをするな」と仕事を失う可能性もあるかもしれない。だけどプロレスの場合、強いインパクトさえ残せれば、その団体で駄目でも、違う団体に引っかかるチャンスが生まれるかもしれない。よく言われるように、

「体は熱く、頭は冷静に」をやらなければいけない。

これが両方冷静だと面白くないし、逆でも駄目。矛盾した要素を同時に持たなければならないわけです。

デスマッチ団体でデスマッチを否定する

大日本プロレスでベルトを持っている時に周りに言っていたのは、「僕は大日本プロレスと戦ってるんです」ということです。これは「デスマッチと戦っている」ということでもあります。

それは試合でということも含めて、その存在に対してです。

僕は大日本プロレスがデスマッチの団体であることは百も承知です。だけどそのなかで非デスマッチの人間がメインを張れば、デスマッチの人は悔しくてそこで新しいストーリーが生まれる。そこが僕の仕事場になるわけです。

2015年に初めて大日本に上がった時には、ストロングとデスマッチが完全に分かれていたので「そういうものか」と思っていました。だけど年が明けた頃から「このままじゃ駄目だ」と考えて、そこで始めたのが「問題作を作る」ことで、これが中之上選手との一連の話でベルトに繋がっていったわけです。

これとは別に強く意識したのが「ストロングとデスマッチを混ぜよう」ということでした。それに気がついたのは2016年7月の両国国技館（以下「両国」）大会※で、この時、ストロングスタイルがプロレスではなくて「ストロング」という競技のようになっていると感じたからです。

僕にとって大日本は「プロレスの幅を最大限見せている団体」です。簡単に言えば「審判が見てなければ何をやってもいい世界」。ところが、いわゆるストロング派の選手達は「僕たちはデスマッチなんかできません」という態度で、その可能性を狭めていたように見えたんですね。そういうのは大体、関本選手を見て憧れて大日本に入ってきた選手なんですけど、彼らは関本さんの一部しか見ていない。関本大介はデスマッチをしっかりやった上でストロングをやっている。それも物凄く高いアベレージでやっているわけです。そういう関本さんの凄さをわからず、試合でもその凄さに引き上げられてやらせてもらっていることに気が付かないで、平気で「自分もやれている」と思っている。

だったら「この壁を壊してやろう」と。それがストーリーになったわけです。

※ 2016 年 7 月 24 日「大日本プロレス　両極死闘 2 大王座移動両極譚」両国国技館

プレゼンは問題提起、痛いところを突く

こんなことを「フリーの立場の奴に言われたくない」と思うかもしれないけれど、そこが僕というフリーの人間の持ち場だと思っています。「問題提起」。痛いところを突くことで自分の仕事を作る。つまり「プレゼン」です。その時に「ただ面白そうだから」「この流れだから」ということではなく、

相手が無視できないところを狙っていく。

だから僕は常に「この団体は何が足りないんだろう」「何をやったら面白いんだろう」と考えて、それが出てきたらすぐにぶつけるようにしています。

フリーの人間は言われた仕事をやっているだけでは駄目です。そういう仕事はいくらでも代わりがいます。そうでなくやっていくには、相手が僕のことを好きでも嫌いでも放っておけないことを提案することが重要です。「平穏無事」じゃ駄目です。ましてデスマッチ団体のレスラーがそれでは駄目でしょう。

球を投げる

そこで僕がやったのは、２０１８年に文体で中之上選手を相手に防衛戦をやった後、リング上で登坂社長に「僕と関本さんで11月の両国のメインをやらせてください」と言ったわけです。関本さんとはベルトを懸けてこの前の年から試合をしていたので、このカードならいけるという自信がありました。

ただこれは単に「試合をやりたい」ということではなくて、二つ狙いがありました。

一つはデスマッチ団体で敢えてこのカードで大日本の看板大会である両国大会の「メインを張らせろ」ということです。関本さんとだったらお客さんも納得できる試合になる。だけど大日本としては団体の看板であるデスマッチをメインで勝負することが既定路線なわけで、実際に登坂社長は困った顔をしていました。だけど僕はここで「デスマッチ」と勝負しないと駄目だということがわかっていましたから、あえて相手が逃げられないリング上で「勝負をさせてくれ」と言ったわけです。また、もし発言をスルーされてもマイナスになるのは大日本で、僕じゃないですからね（笑）。

ただ本当の狙いはデスマッチの選手です。僕は彼らの大事な職場、「メインをよこせ」と言ったわけですから、当然「何言ってるんだ！」という声が上がる。そこで「ストロング対デスマッチ」という大きなテーマが生まれるわけです。

そうしたらデスマッチのスペシャリストで僕と同じくフリーの竹田さんが「（鈴木）ふざけるな。ここはデスマッチの団体で、俺はデスマッチのチャンピオンだ。そんなに簡単に（メインを）やらせるわけないだろ」とちゃんと僕の投げた球を打ち返してくれた。それで続く最侠タッグリーグで変則的な「メイン争奪戦」をやることになったわけです。

舞台は最侠タッグリーグ戦の決勝戦。メインの決勝戦の前に僕と菊田一美対竹田誠志&塚本拓海が試合をして、僕が勝てば両国で関本選手とシングルでストロングスタイルの試合。竹田さんが勝てばデスマッチがメインになるというものです。

2018年10月25日　大日本プロレス　後楽園大会　序盤は鈴木と竹田のレスリング勝負で始まるが、その後試合は大荒れの展開になり一旦は無効試合となる。観客からの罵声に鈴木は「今しょっぱいって言った奴ら、俺の目の前に来て言ってみろ。殺してやるから」とマイク。さらに竹田に向かい再試合を要求するも、最後はタッグパートナーの菊田が竹田のアンクルホールドに敗れ、11月の両国のメインは竹田の持つBJW認定デスマッチヘビー級選手権試合となった。なお鈴木はセミファイナルで関本と対戦するも敗れ、BJW認定世界ストロングヘビー級のベルトを失っている。

写真提供　週刊プロレス

もう一つの狙いは最侠タッグリーグ戦自体が面白くないと思ったからです。大日本は大きな流れとして、4月の文体を終えて、11月に両国、後楽園ですが、その途中で一度、このタッグリーグで「死んでいる」。この時（2018年）の決勝は浜&中之上と橋本（大地）&神谷（英慶）だったけれど、どちらが勝っても負けても「一生懸命頑張りました」という、僕的には「努力」という言葉のなかに逃げているだけの試合だと思いました。だからここは違うテーマである「デスマッチとストロングスタイル、どっちが11月のメインを取るのか」にしようと思ったわけです。

結果的には両国のメインは取れなかったわけですけど、そもそも「タッグの結果で大きな大会のカードを変える」っていうのは無理筋な話で（笑）、それはわかっていました。

でも、結果的に「争う」ということ、お互いの主義主張をぶつけ合うことで大きなストーリーをお客さんに見せられたので良かったと思っています。

多分あの日のインパクトは、メインのタッグ決勝戦よりも僕と竹田さんの方が強かったでしょう。少なくとも僕がマイクでお客さんに「殺すぞ」と言ったことは会場に来たお客さんの記憶には残ったと思います（笑）。

そういうことをどんどんぶつけていかないとお客さんが安心して、ボーッと試合を観て「ああ、タッグリーグ優勝して良かったね」となってしまう。

お客さんが会場に持ってきている想像や感情を飛び越えさせないと次に繋がりません。

プロレスは続き物

僕はプロレスは「続き物」だと思っています。

もちろん「TAKAYAMANIA EMPIRE」※のような単発のものもありますが、あれにもストーリーはあります。

フリーの人間には長期的な流れを読みつつ、短期的にその場、その瞬間でやらなければいけないことがあるわけです。いつもそれがうまくコントロールできるわけではないけれど、そういう視点を持っておくことが大事です。

そしてフリーである僕の仕事は団体の顔になることではありません。話題を作って団体を活性化させることだと思っています。なかにはフリーの選手でも団体の顔になることができる人はいるでしょうが、恐らく僕にそれはできません。その反対側で何かをやっている方が得意なんです。（アブドーラ・）小林さんは「愛していま〜す」とやれるけれど、僕はそういうのが面倒くさいし、そこは僕の持ち場じゃない（笑）。

※ 2017年試合中の事故（頸髄損傷および変形性頚椎症）により首から下が麻痺した高山善廣氏のために立ち上げられた支援団体「TAKAYAMANIA」が主催するプロレス興行。

もちろんいつも上手くいくわけではありません。最近、ノアで潮崎（豪）さんと絡むことが多く〝これは（タイトル戦が）あるな〟と思っていたのですが、リング上であっさり振られましたから（笑）。ちなみにこの後、リング上で中嶋（勝彦）選手を指名したのは〝俺は関係ない〟という顔をしていたので、〝指名をしたら困るだろうな〟と思ってやりました（笑）。

2020年1月30日ノア後楽園大会で鈴木は、藤田和之、杉浦貴組で潮崎豪、中嶋勝彦、谷口周平組と対戦。これまでの流れから試合後、潮崎選手より指名があると思っていたところ、目の前にいる鈴木をスルーして藤田選手を指名され、これを「振られた」と表現。「この気持ちを中嶋勝彦で埋めます。責任を取れ」と対戦を要求、2月16日に実現。30分フルタイムドローの熱戦となっている。

ベルト＝お客を呼ぶ責任

こうしたこともあって、いきなり「ベルトに挑戦」と言われてもあまり興味が湧きません。実際、断ったこともあります。それは対戦相手が嫌だったとかではなく、「ベルトを巻いた自分」を想像した時に「あんまり先が見えないな」と思ったからです。

プロレスラーにとってベルトは大事ですが、ベルトを獲ることよりもベルトを持った時に何をするのかが大事だと思っています。そのプランが見えないのに安易にタイトル戦に臨むのは危険です。

もちろんこれは何度かベルトを巻いた上でわかったことですね。

僕が最初にベルトを獲ったのはゼロワン※で、その時は「ベルト」という結果そのものが必要だったからです。レッスルワン※の場合は「武藤敬司と試合をしたかった」からです。そして大日本のＢＪＷ認定世界ストロングヘビー級のベルト。

その経験から僕が思うベルトの大変さは「責任感」です。

※2015年 「ゼロワン」第19代世界ヘビー級王者

※2015年 「レッスルワン」第４代WRESTLE-1チャンピオンシップ

お客さんが入らなければ、それはベルトを持っている人間の責任。これは猪木さんに教わったことです。

大日本のベルトを持っている時に、同じくタッグのベルトを持っていたアブドーラ・小林さんと会場の隅から満員になった文体の会場を見て「小林さん、お客さんが入って良かったですね。僕らセミ（鈴木）、メイン（小林）だから」「本当だよ、（お客が）入らなかったら僕らの責任だからね」という会話をしたことがあります。

お客が入っていないというのは、セミ、メインがつまらない、要するに「その時にベルトを持っている人間が駄目だ」ということです。いくら自分が「良い試合だ」と思っていても、客が来なければ駄目。「全力でやっているから良い」という話ではなく、お客が集まらないという結果の前ではそれは意味はない。

ベルトをただ巻くだけでは、お客さんに何も見せられない。

これはお客さんにも伝わります。

お客さんが集まらなければ大会は失敗で全てが台無し。来てくれたお客さん、他の選手、フロントにも迷惑をかけることになる。なにより自分を苦しめることになります。だからその時は「すみません」とオファーを断りました。

もっともこれはかなり珍しいケースです。

もちろん団体側がそうした話をしてくれるということは嬉しいし、感謝もします。けれどベルトは獲っても獲らなくても、そこにストーリーが生まれるわけです。断った時には、僕にも対戦相手にもそのストーリーが見えなかったので断ったわけです。

もちろんこれは僕自身の力不足と言えばそうですが、その状態でリングに上がることは相手にとってもお客さんにとっても失礼です。「何でもいいから受けてお金をもらえばいいじゃないか」という人もいるかもしれませんが、綺麗事ではなくそういうことではないと思っています。

そういう仕事の仕方は、結局自分の価値はもちろん、いろいろなものを殺すことになります。

写真提供　週刊プロレス

プロレスのストーリー

プロレスのこういうストーリーというのは、僕自身は普通に考えていることなんですが、他の人はどうなのかわかりません。

例えば竹田さんはデスマッチに対してプライドがある人だから、ストーリーまでは考えていないと思うけど、〝デスマッチでもっと凄いことをしたい〟というのが強烈にある。結局どの方向でもトガれればよくて、竹田さんの場合はそれがデスマッチで、それが巨大なストーリーになっているわけですよ。そこまで圧倒的なものがあれば、僕が言うようなストーリーは飛んでいっちゃうわけです（笑）。

だから僕は竹田さんのことを凄いと思っています。常に最前線で引っ張り続けているわけだから、それ自体がストーリー。それは大変なことで、本当に凄い。

でもそれに他の人が頼り過ぎてしまう部分もある。「あの人が頑張っているから、こっちはそこそこやっていればいいかな」と。自分をストーリのなかに入れない、絡まない、他人事にしている選手が多いんですよ。普段から考えてないからパッとその場で反応できない。

　別に無理に絡む必要はないけれど、それならそれで絡まない方向で「あっ」と思うことをやればいいのに、それもない。だから人の考えたストーリーに適当についていってしまう選手が多い。


　僕の場合はやっぱりカシンの影響が強いんだと思いますよ。言葉では語らないけれど、あの人は自分で勝手にストーリーを作って人に押し付けてきますから。「これやってください」って（笑）。僕もそれですよ。ただ僕の場合はもう少し人当たりがいい（笑）。裁判にならないくらいのところで、ちゃんとモザイクをかけている感じ（笑）。カシンはそのまま、モザイク無し（笑）。ブラックユーモアというか基本ただブラックなだけで、たまにユーモアを入れてくる（笑）。

　時々真面目な話をする時があるんですけど、プロレスのリング内ではちゃんとレスリングをやるという意識なのかと聞いたら、「全部使った方がプロレスなんじゃない」と。

リングのなかも外も含めて、ＷＷＥなんかだとバックステージも全部ひっくるめてやるじゃないですか。「そうじゃないと面白くない」という感じで。「ただ試合を見せていても面白くないだろう」と。

「なんだろう？」と思わせることが大事で、もしかするとそれは猪木さんの流れなのかもしれないですね。そうやって観た人に「なんだったんだろう？」と思わせることをやらないと自分が生きていけないと思ったのか、そうでないと自分が面白くないと思ったのかわからないですね。もしかすると両方かもしれない。

僕の場合は最初はそうでないと「生き残れない」と思ってました。だからカシンの真似をしたわけです。

それがそのうちに「面白いんじゃないか」と。カシンに洗脳されたのかもしれないですけど（笑）。最終的には「それが正義だ」となって、「なんでみんなこれができないのか、わからないのか？」と（笑）。そういう妄想を抱くようになってしまった。冷静に考えるとそんなことはないんですけど（笑）。

カシンは永田（裕志）さんのことを四半世紀いじってますから。「東金の少年」

とか（笑）。

僕の言うストーリーの組み立ては、別に細かいところまで考えているわけではなく「素材が合っていればいい」という感じです。

例えばカレーだったら肉、じゃがいも、ニンジンとか基本的な具材があって、それを使っていればカレーができなくても構わない。「使ってるんだから文句ないだろ?」と（笑）。もしくはその逆で、全く違う材料を使ってるんだけど「最後にカレーになってればいいだろ?」と（笑）。それが美味しいかどうかはわからないけれどカレーになっていればいい、最終的に試合になっていればいい。最後に帳尻が合っていればいいわけで、そのためには考え続けてないと駄目なんだと思います。考え続けていても時々間違えるわけですから（笑）。

本当に合っているかは微妙でも、「帳尻が合った」と自分に言い聞かせている時もあります（笑）。

自分を洗脳するのも大事（笑）。

プロレスは異常な世界

フリーのレスラーとしてやっていく上で転機となったのは船木（誠勝）さんとの試合です。

初めて当たったのはタッグの試合※でした。顔ぶれを見たら面子は豪華なんだけど、「余り物が集められたな」という感じがして、このなかで何かリアクションを作らせるなら「船木さんだな」と考えました。

実際はゼロワンとレッスルワンの対抗戦という流れのなかだったんですけど、僕はゼロワンの選手ではないわけで、フリーという立場で仕事を作らなければいけない。ただそれはそれとして「純粋にやってみたい」という気持ちもありました。

船木さんのことはパンクラス時代からファンでした。だけどプロレスに帰ってきてからの船木さんは「浮いている感じ」がして、「もったいないな」と思っていました。

※ 2014 年 11 月 6 日「レッスルワン　新宿 FACE」田中将斗＆鈴木秀樹対船木誠勝＆浜亮太戦

初めての対戦で鈴木は場外でもアキレス腱を離さないなど徹底的に船木を意識した試合をする。船木は試合後「あの野郎、最初から俺を狙ってた。久々にムカつきました。関節技であんなに絞められることないですから」とコメントしている。

キャリアで言えば僕と船木さんは小僧と大人ですよ。実際、僕が幼稚園の時には船木さんはデビューしているわけですから※。

周りからは「よくあんなことできるね」と言われて。実際に二度目の対戦の時には目に指を突っ込まれたりしましたけど、もともとそういう「怖い船木さん」が好きだったので、そういうことが無かったら逆にがっかりしていたと思います。

翌日鏡を見たら指でやられた目の下が真っ青になっていて「ああ、これが船木誠勝だよな」と。爽やかなイメージもあるけれど、そういう狂気性を秘めているところが船木さんの魅力だから。「爽やかに酷いことをする」という（笑）。

最近、本人とそのことを話す機会があったんだけど、「あれ、そんなことしたっけ？」と、しっかり忘れてましたね（笑）。そこを含めての船木誠勝だと思います（笑）。

※船木は1985年3月3日に15歳でデビュー。鈴木は1980年2月28日生まれ。

B-PLUS
船木誠勝 VS

船木戦から始まった道

今思うと船木戦は区切りでしたね。そこまでは割と言われたことをやっていた感じだったのが、この試合で変わりました。

簡単に言うと〝やりたい試合ができた〟という感じで。

それは勝ったからということじゃなく、特にストーリーもない〝余り物〟が集まったタッグマッチから、自分で波風を立てて、船木さんとセミファイナルで、〝胸を借りる〟〝チャレンジマッチ〟とかじゃなく、見えない格や壁を壊して〝完全決着〟という舞台まで持っていったという流れ全体。〝監督・脚本〟をした上に船木さんと〝ダブル主演〟ができた感じ。

そこまではわからないままにガムシャラにやっていたのが、この試合をきっかけに自分なりの価値観がちゃんと持てて、それを言葉と体で表現できる方法を見つけた手応えがありました。

プロレスに対する考え方も変わりました。

実際、この試合の前と後では、プロレス界での僕の言葉の重さが違っていて、話を聞いてくれる人や場所が多くなりました。

武藤敬司的な言い方だと「作品を残した」わけです。

ちょっと違った言葉でいうと「欲求が抜け落ちた」感じで、俯瞰して自分を含めてプロレスが見られるようになりました。だから今に至る道ができた試合という言い方ができると思います。

2015年3月1日、後楽園ホールで行われた、ゼロワン14周年記念大会のセミファイナルで、鈴木は念願の船木とのシングルマッチで対戦する。「完全決着」と銘打たれたカードらしく、グラウンド、打撃と終始緊迫感の漂う試合となった。最後はハイキックをかわした鈴木がエルボースマッシュからバックブリーカー、ダブルアームスープレックス→片エビ固めで試合を決めた。

先輩や上司だからこそ殴る世界

船木さんとの試合について「大先輩に対して怖くなかったんですか?」と聞かれますけど、もともとプロレスの世界というのは「異常な世界だ」と思っていたので「怖いも何もないだろう」と(笑)。だから周りでそういうことに気を使っているレスラーを見ると逆に「なにやってるんだろう?」と思います。

普段いろいろ気を使っているお客さんがストレス発散しに来ている「余暇」のところで、「お客さんの日常と同じようなことを見せてどうするんだよ」と。「先輩とか上司だからこそ殴るんだよ」と思ってます。

その方が喜ばれる世界なんだから、やった方がいいに決まってる。

「できない」という奴には「だからお前はつまんないんだよ」と言ってます。「そんな日常感が溢れている奴を見て面白いか?」と。もしそうなら「徹底的に日常感を出してくれ」という話です。でもそういう奴に限って中途半端にプロっぽくしている。それが嫌ですね。やるならとことんやった方がいい。猪木さんじゃないけれど「世界一のホームレスになれ」です。

僕は、

キャリアで遠慮するということはありません。

ただファンの頃の気持ちも一緒にあって、「おお、船木誠勝だ」「大谷晋二郎だ」と思いながら「俺がファンだった頃のままでいてくれよ。みんなかっこ良かったじゃん」という部分もあります。だから変わらない田中将斗さんとかを見ると凄いなと思いますね。まだ僕がファンで後楽園に行っている時に、物凄くでかいグラジエーターにハードコアファイトでボコボコにされた上に場外の机に投げられていて。「あのままの田中さんでいてほしい」と思っていたら、さらに前より凄いことをやっている（笑）。

船木さんだって元気がないのかと思ったらそうじゃなかった。みんなが気を使ったんじゃなくて、船木さんに気を使わせたんですよ。「どうせみんなついてこれないだろうから」と船木さんが低めに用意したら、周りが「船木さんがそれなら、僕たちはそれより低く」みたいな感じで（笑）。船木さんも悪いところはありますけれど一番悪いのは周り、船木さんを下げたのは周りの奴らですよ。

もっとも船木さんとしては寝耳に水だったと思います。いきなりリングで初対面の奴が唾かけてくるわけですから（笑）。逆に僕もなにされてもおかしくないわけです。

鈴木みのるさんの時もリング上で仕掛けられたようなんですけど、正直気がつきませんでした。試合後にみのるさんが「あいつ知ってた」と言っていたと聞いて「なんだったんだろう」と。よくよく考えるとヘッドロックを掛けられた時になかなか外れなくて、「あれ、外せないな?」と思って切り返しをロールでやったことじゃないかな。

いずれにしても、

自分がやるから相手もやっていいわけです。

それは別に自信があったわけではなくて「やってみたい」と、それだけです。

またフリーになった時に「なにかやらないと駄目だ」というなかで「とにかく先輩やトップ選手に喧嘩を売れば雑誌やネットで書いてくれるんじゃないかな？」と思ったのもあります。生き残るためですね。

それで誰かを怒らせて「お前みたいなやつは使えない」と言われたら、それでプロレスを辞めてもいいと思っていました。

受け止めてくれた先輩

実際にそうならなかったのは「受け止めてくれる先輩」がいたからです。

佐藤耕平さんもそうです。歳は3つくらいしか違いませんけど、キャリアでは大先輩で僕のことを受け止めてくれました。

船木さんや田中将斗さんや大谷さん、鈴木みのるさんもそうです。

ＩＧＦの時代は対戦というわけではなくトレーナーという立場でしたけど、カシンがやっぱり受け止めてくれた。藤田さんもそうです。特に試合をしてくれた人が先輩後輩なく、同じ目線で、同じラインで受け止めてくれて嬉しかったですね。

やっぱりこういう人たちは自分に自信があるんですよ。「俺はこれだけやってきた」という。常に最前線で、キャリアで誤魔化さず若い時から体を張って、ちゃんと真っ向勝負をする。その上で戦略的なこともできる。若い選手のできることをキャリアがいってもやり続けてきた人たち。

逃げている奴がたくさんいるんですよ、言葉やキャリア、名前で。

そういうのは老害だと思うので辞めてほしい。僕自身がそうなったら辞めるべきだと思っています。

お客さんとの距離感

お客さんの入りは気になります。ただ沢山お客さんを呼ぼうと躍起になるわけではありません。そうすると、ついお客さんが観たいものをばかりを見せてしまって、想像の範囲を超えられなくなってしまう。

もちろんお客さんのニーズに応えるのは大切です。でもそればかりだと、飽きられるのも早い。それよりも、

「アイツ、何やるかわからないな」と思われるくらいがちょうど良い。

こういうやり方は、やっぱりカシンの影響でしょうね（笑）。カシンなんて試合のスケジュールさえ出しませんからね。告知は全部東スポ。永田裕志さんは「カシンなんて東スポだけでしょ？　こっち（新日本）は世界を相手にしてるんだよ」なんて言いますけど、僕はどっちの気持ちもわかるんです。東スポだけってほうが面白さを感じますし。「なんでそんな東スポばかり力を入れるんですか？」って（笑）。

「誰がベルトを持っているのか？」ということが集客の大事な要素で、選手の責任は大きいです。ただその一方で「お客さんを集めるのはプロモーターの仕事」です。選手の仕事はあくまでもリングでプロレスを見せること。そこの分業はきっちりしないとうまくいかない。選手があれこれやっても、良い結果にはならないんです。最近になってそれがわかってきました。

だから昔はチケットの取り置きもやってたんですけど、少しずつ減らしていって最近はほとんどやってません。チケットを頼まれても「ぴあで買ってください」とか「団体で買ったほうが早いですよ」と答えてます。

レスラーとファンとの関係

よく「昔のプロレスは良かった」というプロレスファンがいるんですけど、それは構いません。だけど「だったら僕のところへは来ないでください」と言っています。「昔の方が良かった」というのは個人の感想なので勝手なんですが、僕はこの業界の人間なので、そういう話が出たら「それは違いますよ」と言っています。

こういうお客さんは多分どの業界にもいて、選手を相手にいきなりマウントを取ってくる人がいますね。だけど僕は全然聞く気はありません。理由は「見るのとやるのとでは全然違うから」です。これは猪木さんが言ってくれたことですけど「俺が言うより、見た方が早い。見るより、やった方が早い」と。絶対そうなんです。「いや、ファンはやれないからファンなんだよ」と言う人がいますけど、それはその通りです。だから、

そこにレスラーとファンの線があるんです。

例えば絵を好きになる時は「あ、この絵が好きだな」だけでいいんですよ。結局、絵を描いた人がどういうつもりで描いたのかはわからないわけで、正解はない。それぞれが自分の価値観で楽しめばいいことで、人に押し付けるようなものじゃない。

僕は芸術家やプロレスラーは基本的に「おかしい人」だと思っています。だから普通の人ではやれない。やれないことはわからない。無理にわかろうとしなくていい。好きなら見ればいいし、嫌いなら見なければいい。それは僕がサラリーマンの人たちの仕事がわからないのと同じです。一口でサラリーマンと括られているけど、仕事は様々で大変さもいろいろでしょう。だけどやっていない僕にはそれはわからない。だからお互い様なんです。それをお互いにわかって、領域を犯さないというのはどこかで持っていないと駄目だと思います。

マニアがジャンルを潰す？

当たり前ですけど、本当に見るとやるとでは全く違う。僕も初めてリングに上がった時にマットの硬さに驚きました。ロープも鉄みたいだし、思ったよりもリングはずっと広い。こういうことはやらなければ絶対にわからない。そこには壁がある。だから「わからないでしょ」と突き放して言うのではなく、「そういうものだ」というお互いのポジションで関係を作ればいい。逆に言えば僕は観ている人の気持ちをどこまでいってもわからないのだと思います。

マニアがジャンルを潰すかどうかはわかりませんが、

「可能性」を潰している部分はあると思います。

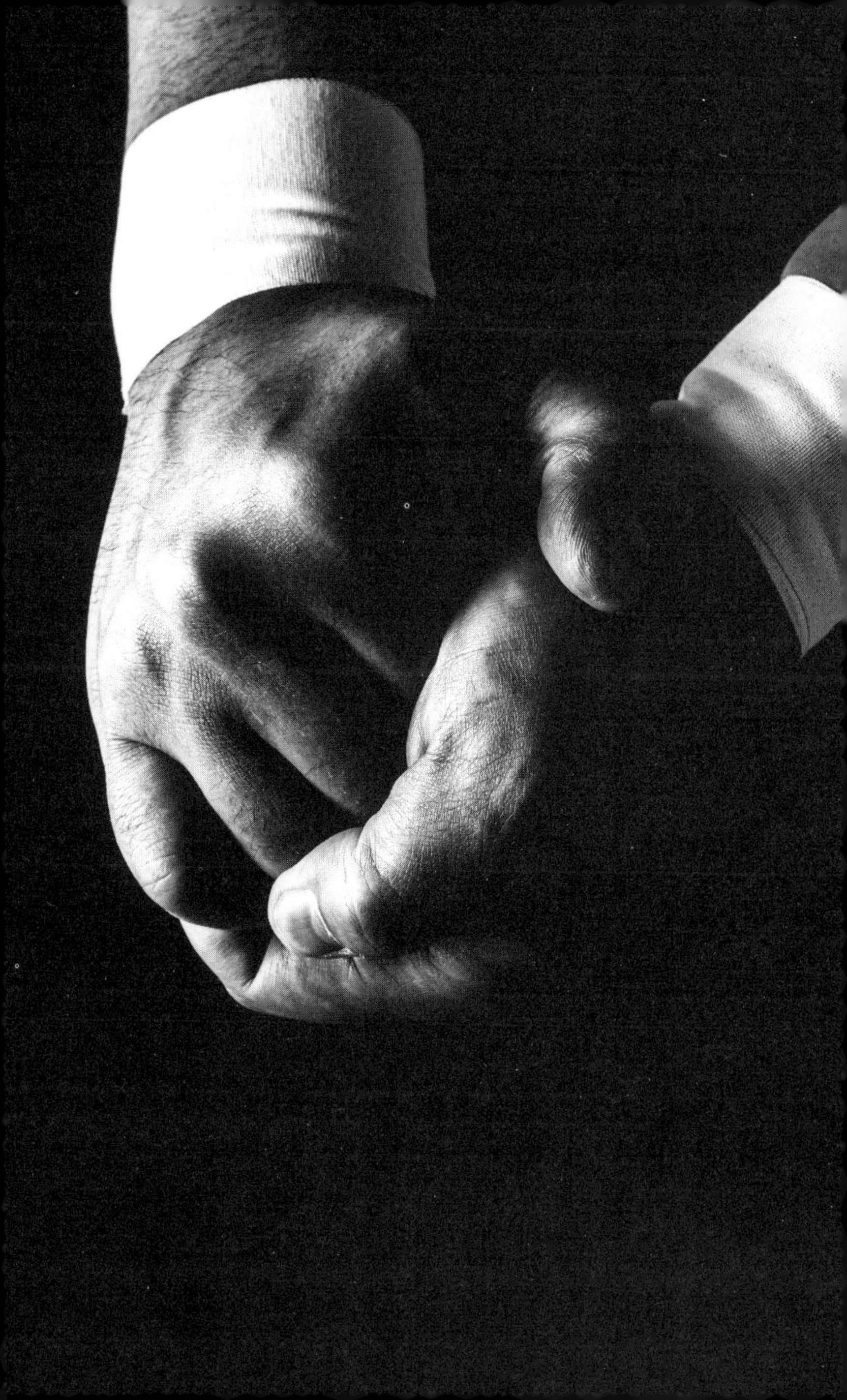

単純に「キレイ」「カッコいい」でいいんです（笑）。そこにいちいち理屈をつける必要はない。もちろんつけたいならそれはそれで構わないけれど、「人に押し付けるな」ということです。まして壁を乗り越えてくるのはおかしいでしょう。

ただこれはプレイヤー側の問題もあります。究極的なことを言うと売店でレスラーが物を売っているというのは良くないと思います。それこそ昔はなかったですから。触れ合う機会が増えたことの良い面と悪い面があるわけです。そこはお互い注意する必要があると思います。

どう見てもらっても構わない

僕自身はどう見てもらっても構わないと思っています。時々ツイッターとかで「この選手の試合は、こんな風に観なきゃ駄目だ」みたいなことを書いているのを見ますけど、僕は「そんなものない」と言っています。基本的に僕は「こうじゃなきゃいけない」というのが嫌いなんです（笑）。僕のなかにはあるんですけれどね（笑）。だから矛盾している。結局それぞれあっていいと思うんです。

僕はエクレアが好きですけど、日本人全員がエクレアが好きだったらおかしいでしょ（笑）。同じようなもので、それぞれ違っていていい。

だけど掴ませないというのもあります。「鈴木はこういう選手だ」と思われていることがわかっていて、あえて外したりもできる。

掴ませて掴めない。

お客さんにいろいろ妄想させるのがレスラーの仕事です。

良いレスラー、駄目なレスラー

よく「手が合う、合わない」ということを聞かれますが、僕の場合はフリーなので恒常的に団体の選手と長く付き合っているわけではないので、そもそも相手に「合わせる」という感じはありません。

ただ誰とやるにしてもテーマは考えています。例えば関本さんだったら「組み合ってピンフォールで勝ってやろう」とか、小林軍団だったら「場外も全部使ってやろう」とかですね。

僕が言う「相手を光らせない」というのは、相手が光ると自分が負けに近づいているからです。そこで消そうとしてもどうしても消えなくて、もっと光ってくる選手がいる。それだと「いい試合」になるんです。僕なんかに消されない個性を持った選手。潮崎選手なんかはそうですね。消そうと思ったら顔にチョップを打ってきて、試合をやりながら「凄いな」と思いましたから。

僕にできないことをできるレスラーは凄いと思っています。関本さんや田中さん、バラモン兄弟のシュウ・ケイさんもそうです。スタイルに関係なく自分にできないことをやっている人は凄いです。

駄目だなと思うのは「取り敢えずやっている人」。「プロレスってこんな感じですよね」とやっている人は駄目です。そういう人は試合が始まって10秒から30秒でわかります。「置きにいっている」のが。

僕は一日一日、相手が同じでも違うと思っています。

最前列のお客さんは常連でいつも観てくれているんだけど、彼らのテンションだって毎日違う。それなのに毎回違う気持ちでできない。

同じリングの形でも、僕には毎日違うように見えています。

そう思えないレスラーは駄目だと思います。

これは僕個人が思っていることで、そういう試合で喜ぶお客さんもいますから、それはそれで「正解」なんです。会場での答えが全ての上位にくるわけですから、僕が何を思うかは関係ない。

ただ僕個人はちゃんと用意ができていない選手に対して怒りますし、そういう選手は他にもいます。例えば竹田誠志さんはデスマッチに対する思い入れが凄く強い人なのではっきりそういうことを言いますよ。

やっぱり一つのスタイルでやり切れる人は強いし、プライドや考え方があるので厳しいし、話していて楽しいですね。しかもそれがお客さんの支持を得ているというのが大事だと思います。武藤（敬司）さんならシャイニング・ウィザードとドラゴンスクリュー、四の字固め。猪木さんなら「ダーッ！」。小林さんなら「愛してま〜す」が見たいわけじゃないですか（笑）。いつものものを見たいお客さんもいるわけですから。だけどそれは僕の仕事じゃない。だから逆にそういう選手のことを「凄い」と思います。

ワイドショーで伝える力を磨く

プロレスラーとしてそういう武器、〝伝える力〟を持つことは大事です。じゃあ、どうすればそういう武器を作れるのかと言えば、プロレスを観るのは当たり前とした上で、プロレス以外も見る、いろいろなものに興味を持つことが大事です。上手くいっていない人は、プロレスを含めて自分の興味のないことは見ない、見えない人です。

何を見るかは別になんでもよくて、僕の場合はサッカーが好きなのでよく見ますけど、その他、ニュースやバラエティ、ワイドショー、なんでも見ます。一時期はワイドショーを朝から全部見てました（笑）。

ワイドショーって、何か速報的なことがない限りは、どの局・番組も朝から同じようなニュースをやっているんですけど、時間によって伝え方や扱い方が違う。だからまず同じ局だけ連続で見て、次に時間帯で局を水平に「ミヤネ屋」「グッディ」「ゴゴスマ」と見て差分を探す感じで。大体グルメ情報が始まると「ああ、今日も平和な一日だったんだな」と（笑）。そうしていると世間の雰囲気がなんとなくわかるんです。

どうしてそういうことをするかというと、「知っておきたい」から。

プロレスと必ずしも繋がるわけじゃないですけど、ワイドショーのコメンテーターの発言とかを聞いて自分のなかで「この人はいいな」とか「この人は嫌だな」という感情が湧く。その時に、「どうして今自分はそう思ったんだろう?」と考えると、「結論が嫌」「話の組み立て方が嫌」という理由が出てくる。プロレスの動きにも「なぜこうなるのか」という理屈が絶対必要なんです。

僕は口癖のように「理屈に合わないことをやっちゃ駄目」と言うんですけど、それを念頭にいろいろな情報を見ているとプロレスについてのアイデアが出てくる。

多分ワイドショーは雑多で「ぼわっ」としているからちょうどいいんでしょう。何か一つのテーマを伝えたいというのではなく、「今世間はこういうことを話題にしているんですよ」という全体的な空気感を知ることができる。

その上で「今日は何を伝えなかったのか？」を考えると、いろいろななかでも放送時間が長いものがあって、番組の最後に司会が雑談のような感じで、一番最初のニュースに触れたりして、「ああ、それを伝えたかったのか」とわかる。

これは僕の勝手な感想なんですけど、そういう風に「何を伝えたかったのか」を考えていると、自分の試合でも「この試合は何を伝えなきゃいけないのか」という風に考えられるんです。

例えば船木さんとの試合だったら、僕が船木さんに対して思っていることをお客さんに伝えなきゃいけない。それは船木さんに対してもです。僕が相手に対してどう思っていて、こういうことをしているのか、それを伝える。

「俺はあなたに対してこう思ってますよ」と。

それが相手やお客さんにぶつかってどう返ってくるか。ワイドショーを見ながら、画面越しに投げられた球を自分がどう受け止めて、どういう気持ちになるのか？それは何故なのか？〝ああ、こういう気持ちになるのか〟と、そういう感じを味わいながら見ています。

そうやって感じたことを、リングの上で相手やお客さんに自分から発信して伝えているつもりです。見てる選手や団体関係者を含めて「どう思う？」と。

伝えることが「武器」。伝わらないと「なにもやっていないこと」になってしまう。

伝わらないというのは〝いてもいなくても同じ〟ということ。だからまず観客を含めた相手に、自分の存在、伝えたいことを球にして投げなければならない。

逆に相手がそういう球を用意してないと、それはすぐにわかります。「何にも考えてないな」と。目つきや最初に組んだ時に目が死んでます。

CACCという〝ファッション〟

用意ができている人はちょっとした動き、入場している時の小さな仕草でもわかります。ゴングが鳴って、最初に組み合う瞬間までもそう。

潮崎（豪）さんと川崎でやった時※は入場でわかりました。敵なんですけど「僕と勝負してくれる」「いつもの試合ではなく、今日しかできない試合をやりに来てくれた」と。

この試合は時間切れで引き分けだったんですけど、僕は試合後に「明確に勝てなかったので悔しい」と言いました。潮崎さんも「悔しい」と言っていて、どこかで気持ちが一緒なんでしょうね。

僕がいう「明確に勝つ」というのは、試合の勝敗も含めて、お客さんに対して「こっちが勝った」「こっちの方が強かった」という印象を強力に植え付けられなかった、ということが悔しいんです。

※2019年7月27日「ノア　GROBAL Jr.LEAGUE 2019」神奈川・カルッツかわさき 鈴木秀樹対潮崎豪 30分時間切れ引き分け

逆に用意以前にもともと無い時もあります。LEONA選手とやった時も最初は安易に殴ったり蹴ったりしないと決めていました。理由はわかりやすいから。お客さんが沸きやすいからです。それでやったレスリングで彼は原理原則を破っていた。

2019年12月5日　リアルジャパンプロレス　後楽園　鈴木対LEONA（藤波怜於南）　LEONAは名選手・藤波辰爾の実子で、鈴木と同様にCACCをバックボーンとした選手だが、鈴木はほとんど一方的な展開で圧殺。試合後、鈴木は「感触なし」「プロレスの真似事」「想像以上に駄目。プロレスを辞めた方がいい」とコメントしている。

例えばグラウンドでガードポジションのまま待っている。レスラーならブリッジして逃げるというのが原則。少なくとも僕がビル・ロビンソンにはそう教わったことをやらない。要するに「CACC」というファッションなんですよ。「CACC」とか「ランカシャー」とか言えば「空き家」だと思っている。

そういうのは彼だけじゃない。ちゃんとやるべき基本ができずに動けないのを、「地味だけど渋いテクニック」みたいに見せている選手は他にもいるし、そういう試合を観て「わかっている感」を出しているお客さんもいます。

だから「駄目だ」と思って二回目のブレークの時に顔面を蹴っ飛ばしました。そういうのがちゃんと用意ができていない時です。

蹴り倒したのは、怒ってやったわけではなく、「お前の思っているプロレスはそうかもしれないけど、こういうのもあるんだよ」という意味です。「じゃあお前はこういう時にどうするの？」と。それは別に引き出しを試すというのではなくて、「こういうのもプロレスだよ」という当たり前のことなんです。

彼はもの凄く狭いところでしかプロレスを見ていない。だから視野の外に視点を置いた時にどうするのかが見たかった。僕も打撃が好きではないので好んでやっているわけではないけれど、「できない」のと「やらない」のとは違うわけです。「できた上でやらない」のはいいんだけれど「できない」ことを「やらない」というのはズルいんです。これは僕が前そうだったからわかるんです。「できない」

ことを「やらない」と逃げていた。いざという時にそれが出る。

以前、田中将斗さんとシングルのタイトルマッチをやったことがあったんです。僕はもともとファンで田中さんを見ていたので、「ハードコアマッチの人」というイメージだったんですけど、リングでレスリングをやったら全然できるんですよ。その時に「やっぱりこの人は凄いな」と思いました。それは関本さんも同じで、何でもできる。結局、技術がないと心構えもできない。引き出しとかじゃなくて、

そのくらいでなければプロレスラーになっちゃいけないと思います。

ＬＥＯＮＡの場合は一つしかできなくて、しかもそれもできてなかった。その部分については腹が立つというか、「お前みたいのが〝キャッチ〟とか言うから変わらないんだ」と。それか「もう俺は名乗らない」と思いました。「（ＣＡＣＣは）お前たちにあげるから好きにしろよ」という感じで。観てくれている人にはわかりますから。

タッグで埋もれるレスラー

試合のテーマ、自分の役割を考えられない選手はタッグで埋もれます。４人だろうが６人だろうが８人だろうが、「ああ、タッグだな」という感覚で試合をしているのは駄目です。リングの内外の流れを見られないということですから。上に行く選手は必ずカードのテーマ性を考えています。

僕自身のことを言えば、もちろん最初からそういう流れや相手・自分・観客といった状況を見られたわけではありません。それが「できてきたのかな」と思ったのは、船木さんとの試合です※。この試合の後、「お客さんが鈴木秀樹をこういう風に見ているのか」というのが少しずつわかってきました。

その上でその通りにやる時もあるし、そうでない時もあります。そういう選択ができるようになったわけです。

もちろん100％正しい答えというのは出せません。その上でなるべく多くのお客さんが、

「感情を持ってもらえる答え」をチョイスする。

※ P58 参照。

例えば6人タッグで、それぞれのコーナーにチャンピオンと挑戦者がいる場合に「じゃあ、お客さんは何を見たいのか」と考えると、普通はその二人の絡みです。だけどそこで消えるのではなく「その上でどうするのか」を考えるわけです。

二人の間に割って入った方が面白いのか、そうじゃないのか、この「いろいろな選択肢を自分のなかに持つ」というのが大事になる。常にベストを選ぶことは難しくてもモアベターなものを選ぶ用意があるかないか、それが6人タッグで消えないために必要なことです。

もちろん100%正しい答えというのは出せません。その上で、なるべく多くのお客さんが、「感情を持ってもらえる答え」を選択するわけです。

僕自身について言えば、実はタッグもシングルも変わりません。基本的に「シングルのつもり」で試合をしています。だからタッグパートナーが抑えられて負ければ、それは僕の負けだと思っています。タッグチームである以上、それが原則なわけです。両国でのメイン※を賭けた試合で竹田さんとタッグで戦った時、僕のパートナーの菊田が抑えられて負けました。その時も「これはストロングスタイルの負

※P43参照。

けだし、僕の負けです」と言いましたが、それはそういう意味です。

僕はタッグが下手なのだと思います。実際にシングルよりもタッグの方が疲れて、試合後「そんなに動いていないのに、なんでこんなに疲れているんだろう」と思うくらいで（笑）、考えすぎているんでしょう。シングルの場合は関節技をかけている時に休めますが、タッグの場合はカットに注意しなければならないし、コーナに立っている時にもずっと考えているので休む暇がないわけです。多分、一人に集中できないことで疲れるのでしょう。だからフルタイムのシングルよりもタッグの方が疲れます。

噛み合わない試合

「噛み合わない試合」と言うことがありますけど、お客さんにとって噛み合わない時と、自分にとって噛み合わないのは別のものです。

例えばお互いに動きが良くても、お客さんが跳ねない時もあります。駄目なインディーズはみんなそうです。要するにオナニーで、自分達だけで「気持ちいい」と思っていても駄目ですから。

自分にとって噛み合わず、お客さんとも噛み合っていない時は展開を変えます。LEONAの顔面を蹴ったのもその一つ。リングに上がった以上「これは駄目だ」と投げることはありません。諦めずしつこくやります。もちろん終わった瞬間にブーイングをもらう時もあるんですけど（笑）。

プロレスは一人でやっているわけではない。それと「試合を投げてしまって面白いのか?」と考えます。お客さんの反応が無い時が一番駄目で、それがブーイングでも喜ばれても、何か反応がなければいけない。それが無い時には違う方向を探します。がっちり探ってというわけではなく、そういう感覚を持って試合をするということです。だからプロレスラーは面倒くさい人が多い（笑）。

もう少し言えば、

「自分が観ている立場だったら嫌だな」と、観る側の席に座った立場で観ている。

そこから見て「つまらないな」「印象に残らないな」というのが最低なんです。嫌われても好かれてもいいからお客さんに何かを残したいわけです。

実際、他の試合を観ていてそう思うことは多いですね。「どうしてこんな試合をするんだろう」と。

バッと組んで、速い攻防をして、どちらかがロープに押し込んで、クリーンに離れて場内から拍手が起きる。

だけど「なんでそんなことするんだろうね」「そうですね」と言っていた後輩がリングを見ると同じことをやっている。「ああ、やめられないんだな」と思いますね。多分それはそこから離れるのが怖いんでしょう。

だけどそういうセオリーを離れることで出てくることがたくさんあります。

例えば潮崎選手との試合※で、彼のチョップを「痛いから逃げた」ことがあります（笑）。まあ、これは表向きでいろいろ考えるなかで出てきたアイデアでした。

セオリーの外で生まれるもの

潮崎選手って顔もスタイルも試合もいいんですよ。前からそう思っていたんですけど試合をやって改めて「いいな」とわかって。

だけどこれだけキャリアも実力もあるのにもう一つ物足りない。もちろんトップ選手ではあるんだけれど、もっと突き抜けたポジションにいておかしくないのに、

※ P86 参照。

「そこまでになっていないのはなんでなんだろう?」と思って。

潮崎選手は小橋建太さんの弟子で、それもあってチョップを使ってるんですけど、いろいろな試合を見るとみんな彼のチョップを受けていて、「だから駄目なんじゃないかな」と思ったんです。チョップを出せば受けるってまあ当たり前ですよね（笑）。本人も相手もお客さんも知ってる。だったら、

「外すことで、この人の何が変わるんだろう」と。

そうしたら顔面にチョップが当たった（笑）。「目が破裂したんじゃないか」と思うくらい強烈。でもお客さんの反応も変わって、「鈴木なんで避けるんだよ！　受けろよ！」「あいつ本当に避けやがった！」「顔に当たった！（笑）」とか、怒ったり喜んだりする。

別に逆の線を狙ったというより、セオリーで見えなくなっている、沢山ある選択肢の一つを選んだ感じ。それを受け入れられない選手やお客さんがいることは承知の上なんです。極端に言うと「そういうのはプロレスじゃない」と思う人もいる。だけどそこを敢えてやる。リスクを取るわけです。

どうしてかと言えば、

プロレスの可能性の枠を広げられるのと、それが僕の役割でもあるからです。

プロレスから消えた対立構造

例えばノアという団体の顔、王道的な存在は潮崎選手なんです。もしフリーの僕が同じようなことをやったら両方とも死んでしまう。だったら僕は逆を行くことで僕自身と彼を生かすことができる「補完の関係」になることで良い試合になる。

もちろん同じベクトルでぶつかることで面白くなることもできます。でもそれを続けると、いずれどちらかが「死ぬ」。

厳しい技の応酬、肉体的に潰し合いになって、結局相手を頭から落とすような試合になってしまう。そういうプロレスがあって需要があるのもわかるけれど、僕は「違う方向でできるんじゃないか」と。ドラゴンボールみたいに足し算の繰り返しの試合じゃなくて、引き算を入れながらできないか、ということ。

こういう考え方は古くは「ベビーフェイス対ヒール」という構図で、それが長州さんと藤波さんあたりで構造が変わってしまった。どっちがベビーかヒールかと言えなくなった。でも、その代わりに「考え方の違い」「スタイルの違い」が新しい対立構造になったんだと思います。いわゆる「◯◯革命」ですね。

だけど今はこういう構造もなくなってしまった。みんなそれなりにできるんだけど似通っているので、対抗戦にならず交流戦になってしまう。100メートル走に主義主張はないじゃないですか。それと同じ。

僕はそういうことを意識して、そのなかで何をするかを考えて試合をしています。プロレスの本質はピンフォールを取ること。「リングの上でお互いの体力がなくなるまでの限界値を競う」というのも一つ。でもそれだけでもない。折角もっと広い幅があるものなんだから、〝それをフルに使ったらどうですか？〟と思っています。場外リングアウトで勝ってもいいし、反則も5秒以内ならOKというプロレスの幅を自分たちで狭めるとつまらなくなっちゃう。お客さんもある一つのスタイルの試合しか楽しめないのは、損していると思いますね。

前に鈴木みのるさんと試合をした時に、倒れたみのるさんの顔をゆっくり踏んだことがあります（笑）。その時は普通に蹴るんじゃなくて「ゆっくり踏んだらどうなるだろう？」と、咄嗟に思いついたから（笑）。基本的にみのるさんは嫌われ者キャラですけど、さらにその上をいく「嫌な奴」を目指して。そういうぶつかりはいいんですよ。

セオリーは意味があるから残っているんでしょう。だからって何も考えないで「こんな感じ」と、お客さんのブーイングが怖くてそこから出られないのは駄目。

基本的にみんな声援を欲しがりすぎ（笑）。

それは気持ちがいいのと安心したいからで。みのるさんも「なんでみんな（セオリーから外れたことを）やらないんだろうな。まあ、だから俺たちの仕事があるんだよな」って言ってますけど、僕も同意見です（笑）。

お陰で需要があるわけですからね。

大事なのは必然性

時々売店にいると「鈴木さん、しゃべるんですね」とか「笑うんですね」と言われることがあります。そういう時は「リングのままだったら、すぐ警察に捕まりませんか?」と答えています（笑）。

だけど僕のなかでリングの上と下で切り替えているつもりはありません。リングの上で怖く見えるのだとしたら、「試合だから真剣にやっている」からです。それはインタビューに答えたり、ご飯を食べたりと同じで僕のなかでは変わらない、同じです。

リングで笑わないのは、その試合で笑う必然性がないから。必然性があれば笑う。実際、小林軍団の時の僕は笑っていますからね。同じように売店で怖い顔をする必要がないから笑っている。オン・オフの境界線があるのではなくて、全部地続きなんです。リングの上とプライベートとを分けて、

必然性がないことをやろうとするとおかしくなる。

例えばジョシュ（・バーネット）がそうですね。僕が言うまでもなく、彼はMMA※ファイターとして一流。だけどプロレスラーとして見た場合は結構「塩」※（笑）。なんで「塩」なのかと言えば、それは彼が「自分が思っているプロレスラー」をやろうとするから。多分彼のなかで「これがプロレスラーだ」というイメージがあるんだけど、彼がそれをやる「必然性がない」。だから「プロレスラーを演じているジョシュ・バーネット」になってしまう。その違和感というのはお客さんに伝わって、試合に対して感情が入りづらくなってしまう。

よく猪木さんが「普通にやれ」「自然にやればいいんだよ」と言うのはそういうことだと思います。無理に何かをしたり、何かを演じようとするのではなく、自分

※塩＝しょっぱい、転じて「試合がつまらない」の意。

※MMA（Mixed Martial Arts）総合格闘技

の自然を出す。そうすると観ている人の自然な感情が引き出せる。それは喜びでも、怒りでも、悲しみでもなんでもいい、

強烈な感情が生まれたら成功なんです。

だけど実はこれが難しい。自分の感情を出すって凄く難しいんです。僕自身、東京に来るまでそんなに強く感情を表に出すタイプではなかったので苦労しました。もちろんデビュー当時は「感情を出さなきゃいけない」と思っていたわけではなくて、どういうプロレスラーになればいいのかわからなかった。

それに気が付いたきっかけはやっぱり猪木さんです。

「猪木さんが一番ムカつきます」

きっかけはＩＧＦで鈴川選手と喧嘩試合※をやって、一度、ノーコンテストの裁定が下っているのをレフリーの宮戸さんが無理やり再試合にして、やっぱりグズグズの試合になったことです。その時はかなりムカついて「これじゃやってられない」と、しばらくＩＧＦからの連絡を一切無視していました。

何度もいろいろな人から連絡が来たんだけど、ずっと無視していたら当時のＩＧＦの社長の高橋さんからメールが来て。「なんか連絡が取れないみたいだけれど、どうしたの？　一度直接話を聞かせてください。スネークピットで宮戸さんを交えて話しましょう」ということで、嫌だったんだけど会うことになりました。

新宿の伊勢丹前で待ち合わせになって、待っていたらサイモンさんと高橋さんが車で迎えに来て、乗ったら六本木方向に走り出しました。「(高円寺の)スネークピットじゃないんですか？」と聞いたら「猪木さんが『会いたい』と言っているから会おうよ」と。その時僕は短パンにタンクトップとビーチサンダルで、「会うのはい

※ P25 参照

いですけどこんな格好だし、そもそもこれって拉致でしょ」と(笑)。

結局、六本木にある猪木さんがよく行くバーに連れて行かれて、着いたら猪木さんと奥さんもいて「どうしたんだ、お前、連絡取れないって聞いてるぞ。何かあるならなんでもいいから言ってみろ」と猪木さんに言われました。

その時はもう辞めるつもりだったので、「なんでもないです」と言っていたんですけど「なんでも言ってみろ」と言われたので、折角だから「まずレフリーをやった宮戸さんが一番腹が立つし、それを雇っている社長もムカつくし、なんにもやっていないサイモンさんにも腹が立つ。だけどその人たちにお金を払っている猪木さんが一番ムカつきます!」って、かなり強い口調で言ったんです。本当に腹は立っているんだけれど、やっぱり相手は神様みたいな人ですから、かなり緊張してそう言ったら、

「そうか、その怒りはリングの上でぶつけろよ。わかったか!」

料金受取人払郵便

本郷局承認

3958

差出有効期間
2022年
1月31日まで
(切手不要)

郵便はがき

113-8790

(受取人)

東京都文京区本郷5-2-2
株式会社 **日貿出版社** 愛読者係行

<本を直接お届けします> 小社出版物のご注文にご利用下さい。

送料はお買い上げ本体総額5,000円未満の場合は500円(税抜)、5,000円以上の場合は小社負担です。代金は本と一緒にお届けする郵便振替用紙にてお支払いください。

【ご注文欄】書名	注文冊数	本体総額

▲裏面のアンケートへのご回答のみの方は、上のご注文欄は空白のままお送りください。

ご住所 〒	
フリガナ お名前 印	電話 FAX
E-mail	ご職業
性別 男・女	年齢 歳

ご購読ありがとうございました。

愛読者カード

お買い上げの本の名前	

●本書を何でお知りになりましたか？
1. 書店で実物を見て　2. 小社 DM で
3. インターネットで
（A. 小社ホームページ　B.Amazon　C. 著者ブログ等　D. その他）
4. 広告を見て（新聞／　雑誌／　）
5. 友人・知人の紹介で　6. その他（　）

●本書をどちらでお買い求めになりましたか？
1. 書店（店名　）
2. 小社通信販売
3. ネット書店（　）

●本書をご購入いただいた動機をお聞かせ下さい。 ※複数回答可
表紙のデザイン／本の題名／本のテーマ／価格／帯の内容／著者／その他（　）

●本書について、該当するものに○をお願いします。
価　格………………… 高い ／ 普通 ／ 安い
判型（本のサイズ）… 大きい ／ ちょうど良い ／ 小さい
デザイン・表紙 …… 良い ／ 普通 ／ 良くない
内　容………………… 満足 ／ 普通 ／ 不満

●いままでこのハガキを出した事がありますか？　ある ／ ない

●案内を希望　新刊案内等 ／ 総合図書目録

●本書についての感想やご要望、出版して欲しいテーマなどをお教え下さい。

ご協力ありがとうございました。

○ご記入いただきました個人情報は、書籍の発送や確認等の連絡及び小社の新刊案内を送付するために利用し、その目的以外での利用は致しません。アンケートのご回答は今後の企画の参考にさせていただきます。　○アンケートにご協力の上、表面にご住所等をご記入いただいた方に、粗品を進呈致します。※発送までお時間をいただく場合がございますので、ご了承下さい。

と言われて、「はい！」って言ってました（笑）。やっぱり、「はい」って言っちゃうんですね（笑）。その後でノーコンテストになった試合について、

「お前はあの時客を怒らせたけど、ああやって客を怒らせるのは一番難しい。

喜怒哀楽のなかで一番難しいのが本気で怒らせることだ。

お前も鈴川もそれができた。それを自分たちでコントロールできるようになったら、もっと面白いし、凄いことになる」と言われて。

その試合の時、酔っ払った客が立ち上がって僕に文句を言ってきて、本当に頭にきていたから本気で殴ってやろうとして、周りに止められたのを見ていたんです。

結局、僕も「はい」と言ってしまったので、そのまま続けることになりました（笑）。

この一件でＩＧＦの僕への扱いも変わりました。ギャラもグッと上がって（笑）。ただ代わりに（ピーター・）アーツと試合をすることになるんですけど（笑）。

でも一番大きかったのは、猪木さんとちゃんと喋れたことです。5分、10分だったかもしれないけれど、猪木さんが僕のために時間を作ってくれたということが大きかったですね。

猪木さんの言葉自体はその時は正直わかっていない部分もあったんですけど、何かがちょっと掴めて、後になって「ああ、なるほど」という感じで。

感情って無理に作るのが難しいんですよ。自分のなかに必然性がないのに怒ったり、笑ったりしても違和感があって、それが相手にもお客さんにも伝わる。

人間って本当の自分の感情の前に常識とか世間体とかいろいろなフィルターがあって、なかなか「本気」になれない。猪木さんはそういうフィルターを外して、生き物として普通にある感情をその瞬間パッと出してしまう。だから受け取る側にダイレクトに響いて反応する。こう言うとなんにも考えていないように思う人もいるかもしれないですけど、それは違うんです。猪木さんの言う「普通」は凄く考えて、考えて、考えて、その果てに出てきたものなんだと思います。それが猪木さんの「センス」。

よく何かをするのに「センスがある」という言い方をしますけれど、僕は「適性」という言い方をします。「じゃあ、適性ってなに？」と言うと、「考え続けること」です。

プロレスの「適性」は、プロレスのことを考え続けられること。

僕が思う駄目なレスラーはこの考える時間が圧倒的に足りていない。僕から言わせればみんな「そんなにプロレスのことが好きじゃない」んですよ。それで良いプロレスラーになれるわけがない。

24時間プロレスのことを考える

僕の言う「適性」はやっぱり四六時中プロレスのことを考えられるかということです。肉体的な条件ではありません。だから本当に狭い門なんです。他に行くところがない、他で勤められない人が「これしかない」と思ってやっていること。そういうところに来る人はだいたい変な人で、だから面白い。サラリーマンになっちゃいけない人が来ているところ。

今は時代背景もあるでしょうけど、いい意味での胡散臭さ、怪しさ、奇人変人的なものがだんだん消えてきて、サラリーマンが務まりそうな人が多くなっている。それはしょうがないところもあるんですけれど。

ただ言うほど努力していない人が多いと思います。コメントで「一生懸命頑張って」と言っているのを見ると「そんなことを言っているぐらいだから、やってないんだよ」と思います。頑張っているかどうかは観ている側が判断することで、本人が口にすることじゃない。観に来てくれている人の方が僕らより「やってます」よ。

僕らの仕事は練習して試合をするだけ。それに比べればサラリーマンの人の方が大変ですよ。朝から晩まで同じところでずっと仕事をしなければいけないこともあるだろうし、少なくとも僕にはできない。自分にできないことは凄いと思っているので、それに比べたらせめて「レスラーなら24時間考えろよ」と。

３６５日とは言わないけれど、３００日くらいは考えてもバチは当たらないだろうと思います。

あんまり僕はこういう話をしないんです。こういう話はだんだん過激になって収拾がつかなくなるので。だけどやれているレスラーはみんなそうだと思います。鈴木みのるさんもこういう話をしませんけど、本当はプロレスが大好きだからあれだけのことを考えて実行できる。高山（善廣）さんや棚橋（弘至）さん、オカダ・カズチカさん、各団体のトップでやっている人はそういう人たちですよ。今の全日本だったら宮原（健斗）選手、ノアなら潮崎豪選手、ＷＷＥならトリプルＨ、彼らは本当にプロレスが大好きでいろいろ考えている。考えすぎて狂うぐらいでないと。

極端なことを言えば家族を捨てられるくらいじゃないと。

僕は奥さんと結婚する時にこう言いました。

「もし、あなたが怪我や病気でも、試合と重なったら僕はプロレスに行くから」って。「もし死にそうで、僕が行って治るんだったら何度でも行きますよ。でも治すのはお医者さんの仕事でしょう。だから行かない」と。

これって仕事だからとか好きだからとか、そういうのとは少し違うんです。僕の時代は就職氷河期世代でみんな苦労している。僕も取り敢えず職を得るためにやりたくもない郵便局員をやってました。その安定した地位を捨ててプロレスなんてやるんですから、全部賭けないとやる意味がない。

だからプロレスラーなら四六時中、プロレスのことを考えているはずです。

そもそもプロレスラーっておかしいはずなんですよ。後楽園ホールなら1600人くらいが観てるなかにほとんど裸で入っていって、痛いことをしてる姿を観られて〝それが楽しい〟って、よっぽどですよ(笑)。恥ずかしいとか恥ずかしくないとかのレベルじゃないですか(笑)。それなのにオン・オフとかプライベートとかカッコつける意味がわからない。プロレスラーって時点で、かなり恥ずかしいんですから。なのに〝なんで幸せになろうとするのかな〟と。

プロレスラーって最期は野垂れ死ぬものなんです。

いい思いとかできるわけがない。リングの上で死ぬかもしれない仕事をやっているのに、人生をそこに賭けられないのは駄目ですよ。

僕が時々「プロレスラーは幸せになっちゃいけない」と言うのはそういう意味なんです。別に幸せになってもいいんですけど、どちらかを選ばなければいけない時には、幸せを捨てられる職種、人種だと思っています。

僕たちを観てくれている人たちの幸せのために、僕らの幸せを捨てられる。そういう人たちが集まらないと駄目。

だからＳＮＳで中途半端にプライベートを出したり隠したりしているのを見ると「なにそれ」と思います。「電話番号まで晒せよ」と。僕は出せますよ。それが面白いのであれば出せます。

もしかしたら僕とは全然違う選択をしているレスラーが、もっと上の方で稼げるのかもしれません。逆に僕をもっと突き詰めた人がレスラーになるのかもしれない。それはわかりません。けれども、今のところこれが僕がこの世界で生き残ってやっている理由の一つであることは間違いありません。ただ僕はそう思ってプロレスラーをやっているということです。「それでもこの程度なんですよ」ということです。

考え続けると疲れる

僕が「いつでも辞められる」と言うのは、24時間、起きているのは16時間くらいの間ずっとプロレスのことを考え続けているから疲れるわけです。だからどの試合も、〝これが最後でいいや〟という気持ちでやります。

考えてみれば法定労働時間よりも長いわけです（笑）。だから「いつでも辞められる」と言っているわけです。これ以上がないくらいプロレスのことを考え続けているから辞められる。そういう話なんです。

ぼーっとテレビを見てｉＰａｄをいじっている間もどこかでプロレスのことを考えているから、突然アイデアが出てくる。「あ、これか」と。

そういうアイデアの出方はその時々で、バーンと全部が見える時もあれば、部分的にちらちら見えていて「なんだろう」と思って、「ああ、これとこれを組み合わせると……」「ＡとＢの順番を入れ替えた方が面白いな」となる時もあります。メモとかは取らずに、忘れてしまったらその程度のことだったんだと。そこは試合と同じシチュエーションで立ち止まって考えることはしないようにしています。

それがそのまま試合に活かせるかは別で、全然別のようだけどテイストは同じだったり、伝え方が同じだったりといろいろです。自分のなかで自分と会話をしているような感じで、「あれ、さっき何を思いついたんだっけ？」「それは、これでしょ」「ああ、で、どうなるんだっけ」「こうなるんだよ」……と、やばい感じですね（笑）。

猪木さんがどんな風に考えていたのかわからないですけれど、多分、ずっと考え続けていることは同じだと思います。

猪木さんは理論派？

猪木さんのことを「感性の人」と言う人もいて、それは確かにそうなんですけど、それだけではないと思います。

僕も「無茶苦茶なことをする人」というイメージでいたんですけど、実際に会ったら凄く周りの人のことを気づかってくれている人だと思いました。一緒にご飯を食べに行っても「食べてるか？」といちいち気にしてくれて、僕がサラダを食べていたら「お前、そんなサラダなんかどうでもいいから肉だけたくさん食べろ」って言われて（笑）。それもなかなかしんどいと思ったんですけど「わかりました」とサラダを置いて肉を食べました（笑）。

その時は原宿の広いレストランで他にもお客さんがいたんですけど、やっぱり周りの人が「猪木が来てる」ってざわつくんですね。それで帰る時に出口でサッと振り返って「みなさん、食事を楽しんでいってください」って言った後、

「1、2、3、ダー!」

をやるんですよ（笑）。滅茶苦茶盛り上がって（笑）。そういう人の注意を自分に集めて、一番いいタイミングで爆発させるのが凄くて、それは感性でやっているだけでなく、ちゃんと考えて計算してやっている気がします。

僕は岡本と猪木さんの選挙を手伝ったことがあるんですけど、猪木さんは人が集まっているところに入っていくんですね。普通、選挙運動っていえば駅前とかで人を集めるイメージがあるんですけど、猪木さんは人が集まってくる場所じゃなくて、人が集まって来たところへ入っていってやるんです。

一度、東京の中野で演説をする時に運動員が人を集めてから猪木さんが登場する、という段取りだったんですけど全然人が集まらなくて。そうしたら猪木さんが「これじゃ駄目だ」とパッと車を降りて歩き出して。僕たちも慌てて追いかけたんですけど、みるみるうちに200人くらいの人が集まって来て人の波ができました。

その時に「誰もいないところで喋ったって誰も聞かない」と猪木さんは言っていたんですけど、ただそこにいる人と意識して集まって来た人では全然違うってことですね。そこで人の注意、意識をグッと自分に引きつける。プロレスならお客さんを沸かせる。

お客さんの沸き方にもいろいろあるんですけど、猪木さんは「渦を巻く」という言葉を使ってました。ただ「わーっ！」と盛り上がるだけじゃなくて、そこに「え、これなんだろう?」「いま何が起きてるんだ?」とか、いろいろなものが渦のように混ざった空気がバンッと出てきた時。

それが多分プロレスの一番面白いところじゃないかと思います。

良いことも悪いことも、裏切りも反則もあって、審判はいるけれど見てないこともある。不倫だって見てなかったらいいと（笑）。いろいろなものが混沌としている人生みたいなもの。

その一番効果的な瞬間にパッと答えが出せる、出すのが猪木さんだと思います。

それはいろいろなことを考え続けた挙句だからで、物凄く複雑な要素が込められているから観た側もずっと考え続けてしまう。

家に帰って、ご飯を食べて、お風呂に入っても「あれは一体どういう意味だったんだろう？」と問いとして蘇ってくる。もしかすると対戦相手も同じように考えているかもしれない。

猪木さんのプロレスって、そういう「出来事」のような試合が幾つもあって、それは意図して定期的にやっていた気がします。

僕の考える良いプロレスっていうのはそういう「投げかけてくるもの」。

そのためにはやっぱり「考え続けないと駄目だ」と思います。

これからのプロレス

これは僕が勝手に思っていることなんですけど、僕はグレーエリアの選手なんです（笑）。グレーエリアというのはMMAとプロレスの関係で、MMAやキックとかの格闘技を黒だとしてプロレスを白だとすると、その間にグレーエリアがあって、そのグレーエリアにも白めのグレーから中間のグレー、黒めのグレーまである。

このグレーエリアを作ったのが猪木さんで、いわゆる「異種格闘技戦」という言葉に繋がっちゃう部分。格闘技からプロレスに入ってくる人はこのなかの濃いめのグレーエリアを目指してくる。

逆にプロレスラーは白めのグレーエリアにいる。白黒50％のグレーエリアは実は一番中途半端でそれがＩＧＦやＵＦＯ※だったと思います。やっている方も見ている方も何をしていいのかわからなくて、簡単に言うと「拍手が欲しい選手と、拍手をしたいお客さんに向かない世界」（笑）。猪木さんは「別にそんなものなくてもいい」というタイプなんですけど（笑）。

※U.F.O.（ユニバーサル・ファイティングアーツ・オーガニゼーション）1997～2002年に活動したアントニオ猪木氏が代表を務めたプロレス団体。小川直也対橋本真也の対戦で話題を呼んだ。

僕自身もピーター・アーツとやったりしている当時はどっちなのかわからなくて、外からは「黒側の人」だと思われていましたから。だからフリーになった時に「鈴木はプロレスできるの?」と言われました。要するに「半端者」という扱いですね。だけど今思えばこのグレーエリアを経験していたことが凄く大きいんです。

ＭＭＡは経験していないので黒でトップを張ることはできないけれど、ギリギリのラインまでは行ける。それと他のキックや総合の選手と違って僕はロビンソンに教わっていたので、プロレスのリングでちゃんと「白い試合」ができる。その上で時々黒っぽいこともできるわけです。例えば野村（卓矢）選手の顔面を蹴っ飛ばして試合を終わりにする、ということができるのは僕がグレーだから。やれることの幅が広がって選択肢が多いわけです。だけどそれは白いプロレスの人は怖くてできない。マイナス評価になる可能性があるから。逆に黒の格闘技の人ができるかと言えば難しい。その瞬間にバンッとやるには場数が必要だけど、その経験を積む機会が少ないからです。

だから僕は潮崎選手ともアーツとも試合ができるけれど、潮崎選手とアーツは試合を組むことはできないでしょう。僕は藤田和之と試合もできるしタッグもできる。

僕自身、ＩＧＦで〝プロレスラー〟としてデビューしたので、Ｋ－１とかキックの選手とはやるつもりはなかったんですよ。でもＩＧＦでお客さんの評価が一番高かったのは、ピーター・アーツとの試合だったんです。

本人としては〝面白いわけがない〟と思っていたのに、やってみたら〝面白かった〟。だから難しいんですよね、〝面白くする〟っていうことは。ただ勝てばいいっていうことでもなく、それ以外の何かが必要で。猪木さんでさえ「わからない」って言ってるんですから、僕らにわかるわけがないですよ（笑）。

アーツとの試合では猪木さんに「アドバイスをやる」と言われて、当日、試合前に控室に行ったら「お前な、ゴングが鳴ったら、鳴った瞬間にコーナーにぶつかるつもりで浴びせ蹴りにいけ」と言われて（笑）。〝ええっ⁉〟と思ったんですけど、それでも〝ああ、そうか〟と思っていたら、

「アーツは必ず何度もロープエスケープするから、最初はいいけど、何回かやったら足を離さずそのまま相手を2、3回蹴れ」

って。これが猪木さんから今までのプロレス人生で唯一もらったアドバイスです

（笑）。

実際にコーナーに立ってアーツを見たら「テレビで見た人だな」と（笑）。だけど言われた通りゴングと同時に浴びせ蹴りにいったら緊張が抜けました。

その後、3、4回目のロープエスケープの時に思いっきり蹴ったら、まあ怒る怒る（笑）。バーンとパンチをもらって負けました（笑）。だけどお客さんが凄く沸いた。

初めて自分が出た試合でお客さんが沸いてくれるって体験をしたんですよ。

リング上で、負けたし痛いんだけど〝ああ、凄えな〟と思って。〝こんなことできるんだ〟と思いましたね。それがプロで手応えを感じた一番最初。しかもよりによって一番やりたくない相手で（笑）。

猪木さんが「やりたくない相手とやるのがいい」というのはそういうことなんですね。

ただその後、タッグを含めて6回くらいアーツとやって、最後は「なんで組まれるのかわかりません」って言ってました（笑）。

だけどＩＧＦというプロレスでも総合格闘技でもない、そういうグレーエリアの団体でこういう試合をしていたのは今にしてみれば大きいですね。

adidas
Aerts

写真提供　週刊プロレス

クロスオーバーの世界

このグレーエリアを知っていることが、これから大事になると思っています。海外を見ると、（ブロック・）レスナー※みたいにＵＦＣとＷＷＥを行き来している選手もいるし、総合やボクシングでメジャーな選手がプロレスのリングに上がることが一般化してきているけれど、それは簡単じゃない。そういう選手がプロレスのリングで抱えているストレスって相当ですから。そこではやっぱりそういうことを経験して、選手の気持ちがわかる必要がある。カシンが「ニューヨーク証券取引所に上場する企業」（笑）でコーチをしていたのは、ハイアン・グレーシーとの試合とかの経験を含めた評価だと思うんです。

こういうグレーエリアの格闘技とプロレスのクロスオーバーっていうのは、猪木さんが昔やったことで、何十年か遅れでまた〝アントニオ猪木の世界〟、ボーダレスなグレーエリアになってきている。

だから別にプロレスラーが格闘技の試合に出る必要はないんだけれど、「そうい

※ブロック・レスナー（Brock Lesnar）1977年7月12日～ アメリカ出身。アマチュアレスリングで活躍後、2002年にWWEでデビュー。ザ・ロックを破りWWE統一王座に就く。2005年の新日本プロレス参戦を経て、2007年にDynamaite!!USAで総合格闘技デビュー、2008年にはUFCに参戦、ヘビー級王者となる。2012年にはWWEに復帰、以後もUFCとWWEで活躍している。

う練習はしておきましょう」というのが僕の結論です。

青木（真也）選手に話すこともそういうことで「せっかくＤＤＴに上がるのなら、全部やった方がいいですよ。竹下（幸之介）選手とのシリアスな試合から、お尻出すような試合まで」って。実際、僕が一緒に上がった時はお尻しか出してなかった（笑）。僕より何十倍もＭＭＡでやったキャリアがあるんだから、それをうまく生かした方がいいわけです。やっぱり、

中途半端が大事な時代なんですよ。

ただ青木選手の場合はペースが早すぎですね（笑）。プロレスはペースを考えるのも大事です。この間、「やることがなくなってきたでしょ」「ええ」という話をし

たんですけど、それは彼が駆け足でやりすぎてるから。一気に爆破試合までやって、楽しいんだろうけど、もうそろそろやることがなくなる。その時どうするのかが楽しみですね。

あとは武藤さん風に「代表作を残す」という意味だと、青木選手の場合はやっぱり竹下選手との試合がそれですね。観客に訴えかける試合で、そういうのが必ずキャリアのなかで一個か二個必要なんです。だから「そういうのを早い段階でやった方がいいですよ」と言ったら、パッとできちゃった。それは相手にもよるので運もあるんですけどね。それができたのは凄くいいことなんですけど「終わりも早く来るよ」とは言いました（笑）。

これからのプロレス界に必要なこと

もう一つ、選手発掘ということでもグレーエリア、クロスオーバーは大事ですよ。

選手の小型化は海外でも言われていますけど、日本の場合はかなり深刻です。180センチない選手が多いし、数少ない大きな選手でちゃんと動ける人が少ない。そういうなかで小さい選手が〝大きい選手とまともに戦える〟と勘違いしている土壌ができている。僕はこれが凄く嫌です。大きい選手が彼らに合わせてるんですよ。猪木さんとか坂口（征二）さんてやっぱりでかいんですよ。グレート小鹿さん※もでかくて、昔は190センチ以上あるのが当然で180センチで小柄な方。坂口さんなんて、絶対2メートルあるはずなのに、なぜか逆サバで196センチだって言っている（笑）。今でもパーティーの会場で、「じゃあ、坂口さんのところに集合」って目印にされて、「なんでこんなに俺のところに人が集まってくるんだろう?」って、坂口さんが不思議がるくらいですから（笑）。

じゃあどうして選手が小さくなったかといえば、体格的な素質がある選手は、他のスポーツに取られてしまっている。そういうことを考えると、もっと業界全体で「選手を育てる」ということに目を向けてもいいはずなのに、ほとんど気にしていない。僕はその点については結構真面目に腹を立てています。

理由は「プロレスが好きだから」です。

※グレート小鹿　本名：小鹿信也　1942年4月28日～。北海道函館市出身。1963年日本プロレスでデビュー。全日本プロレスを経て1994年に大日本プロレスを設立。現在も会長を務めながら選手としても活動し、2019年に77歳にして新潟タッグ王座に就き、喜寿での王座戴冠を果たし国内現役最高齢記録を更新している。

指導者の仕事

今のプロレス界で問題なのは指導者がいないことです。カシンが日本に帰ってきている※のに教える場所がないわけですから、業界として寂しい話ですね。

トップの人が「育成」に目が向いてないというのもあるとは思うんですけど、まず自分のやっていることを言葉にして説明できる人が少ないというのがあります。僕の場合はロビンソンに言葉で理屈を教えられたのが大きいですね。

ただその上で自分の体を使って教えることが大事です。なんでもそうなんですけど、プロレスの場合は特にこれが重要。理由はお客さんに観てもらうものだから。

例えばリングのコーナーから対角線のコーナーに向かって、「真っ直ぐ前転3回でぴったり行ってください」と言った時にちゃんとできる人は意外に少ないんです。「できてないよ」と言っても本人の感覚では「できている」ので、「君はここで右に曲がっている」とコーチがやって見せてやる必要がある。

言葉にするとすごく簡単なことですけど、自分の状態を客観的に理解させて、「ど

※2020年9月現在。カシンは2019年よりWWEの日本人初のコーチに就任し活動していたが、2020年新型コロナウイルスの影響もあり同年4月に解雇となり帰国している。

う観られているか？」を常に意識させることがプロレスでは絶対必要なんです。

そこで「どうせ右に曲がるんだったら、少し左に行くつもりでやってごらん」とやらせる。そういう繰り返しで動きに基準を作らせる。真っ直ぐ走る、ぴったり止まる、自分が回る、相手の周りを回る、こういう基準が曖昧だとお客さんに見せられるものにならないし、事故も起きやすい。そういうベーシックなことこそ、言葉だけじゃなくて実際にやって見せてあげないといけない。選手も自分のやっていることに自信がないと、途中で動きにブレーキをかけてしまう。でも自信ができてくると最後までやり切れる。その時に「それだよ！」って言ってあげる。うまくいった感覚がわかれば、後で失敗しても自分で直せる。そこまで持っていくのが指導者の仕事。プロレスって基本的に誰も教えてくれないから、

自分で反省して修正していかないといけない。

一緒に練習をしてくれたカシン

僕はロビンソンには戦い方と技術を、カシンにはそれをリングで活かす方法を教わりました。それはさっきの話にも出た、プロレスラーとしてのあり方や観せ方、トレーニングの仕方やリングでの技術、団体との距離を含めてです。

カシンのトレーニングは短時間で限界まで追い込むスタイル。だからあっという間に追い込まれて立てなくなる。本当に生きているのが嫌になるくらいキツイ（笑）。そこで「まだ30分くらいしか経ってないけど」と聞かれた時に、全然できてないのに「大丈夫です」と答える。絶対に「できません」と答えない（笑）。それは意地でそうしているとかじゃなくて、そのやりとりが面白くて（笑）。

カシンは全部一緒にやるんです。まず自分でやってどのくらいキツイのかを試してからやらせる。だけど時々強度設定を間違えて1セットやるのが精一杯のことを「10セット」と言うこともありました（笑）。準備をしながら「これは絶対無理だろう」と将軍（岡本）と目を合わせて、実際にやってみるとやっぱりできない（笑）。気づいたカシンが「じゃあ、あと1セット」と言うと、僕の方が「いや10セットやりましょう。決めたんだから、石澤さん」と（笑）。そうするとカシンが「マジか、マジか」と言いながらやって（笑）。6セットくらいでさすがに何にもできなくなって「もう本当にやめていいから」と言われたりしてました（笑）。そういうのが楽しかった。

この「まず自分からやる」ということを教わったのは良かったですね。

本当は今の指導でももっと自分で動いて見せてあげたいんですけど、何も情報を入れずにまず自分で体験するのも大事なので、そのバランスはいつも考えながら、教えすぎないように我慢しています。

練習の時にまず客観的に自分がどのくらいできるかを先に認識させないと駄目なんです。もちろん間違ったやり方を覚えてしまうのは良くないんですけど、間違えること自体は悪いことじゃない。教える側も何を間違えているのかを見ながらやらないと駄目ですね。「なんでできないんだ！」と怒るのは本当に意味がない。

名前を看板にする

どうして僕がこんなにカシンのことを話すかというと、もともとファンだった部分もあるんですけど、猪木さんに「俺のことは彼が一番よくわかっている」と言われたからです。

「彼は新日本にいた時に総合（ＰＲＩＤＥ※）をやってもらいたくて、その時は散々新日本に邪魔をされたけど、最後まで負けずに頑張ってくれた」と。

「ＭＭＡのこととか俺のことは彼が一番よくわかっているから、彼の言うことをよく聞いてちゃんと練習するように」と言われたんです。

プロレスの神様みたいな人、アントニオ猪木に言われたんですよ。

だから僕はカシンの言うことを聞くんです。

試合のなかではロビンソンの真似して、それ以外のところではカシンについていったんですよ。何を言われても「ＮＯ」と言わなかったのはそれがあったからです。

「明日来て」と言われれば、何をやるのかわからなくても「行きます」と。

※ PRIDE 1997 〜 2007 年まで活動していた格闘技団体。カシンは 2000 年 8 月に行われた PRIDE.10 で、準備期間がひと月という猪木氏からの急なオファーにもかかわらずハイアン・グレイシーと対戦、敗北する。しかし翌 2001 年 7 月に行われた PRIDE.15 で見事にリベンジを果たしている。

それで試合にも出ないのにＦＭＷの会場※に勝手にブースを作ってグッズを売りに行きました（笑）。

試合の休憩時間にタリーズでコーヒーを飲んでいたら、「あなたはさ、こんなことやって評価落ちないの？」って、やらせてるくせに（笑）。「もう遅いですよ。今さら気にしたって仕方ないじゃないですか」と答えたらカシンは「そうですか。じゃあ行きますか」って売店に行って、大仁田厚にＴシャツ投げつけて帰ってきました（笑）。

カシンにはたくさん教わりましたね。間違いもいっぱいありますけど（笑）。ただカシンにしても藤田さんにしても、自分の名前で生きてますよね。僕はＩＧＦ時代は猪木さんの名前で生きてたんです。カシンと藤田さんは最悪、猪木さんの名前がなくても生きていける。その名前が看板であり職業になっている。アントニオ猪木なんてまさにそうですよね。

だからこの二人のマネをしたら、「鈴木秀樹」という名前を看板にできるんじゃないかと思ったんです。

※2016年4月27日「FMW　FMW復活1周年記念シリーズ『傷だらけの堕天使』最終戦」後楽園ホール

「どう思う？」

同じ技でも、相手の体格が違えばやり方も変わってきます。ロビンソンの教え方もそうでした。正解と言える基本はあるんだけれども、そのままでは使えない。相手の動きや体格、スピード、能力によって変わってきますし。だから教わったことを自分に合うように変えていかないといけないんです。

他にも高山（善廣）さんは「大きい人には大きい人のプロレスがある」って言ってました。「それは大きい人にしか教えられない」って。ちゃんとした基本はあるんだけど、それを踏まえつつ自分や状況に合わせて応用させていかないといけない。でも応用には必ず理由があるんです。ロビンソンやカシンはそこを説明してくれましたね。カシンは聞かないと言ってくれません。もともとシャイなんですよ（笑）。でもロビンソンは〝教え魔〟だから自分からどんどん言ってくる（笑）。

日本人はどちらかというと質問をしないで、じっと話を聞く傾向が強いので、僕の方から「どう思う？」って聞くようにしています。「自分がやった今の技、どう思う?」「何が問題で、どうしたら良くなると思う?」と聞く。趣味でやってる人を問い詰めても疲れちゃうでしょうけれども、それで食っている人にはそうやっています。大事なことは、

自分で考えさせる。

練習したことを全部試合で使う必要はないと考えてます。ロープワークも必要ない人だっている。でも練習しておかないといけません。「できるけどやらない」と「できない」は違いますから。やらないことも、何かの時に使う機会があるかも知れない。誰もが予想しなかった技を〝ここぞ〟という時にバーンと出してインパクトを与えれば、それで10年飯食えるんです。小川直也がそうですから（笑）。あの人は橋本真也を倒したあの一試合のお陰で、それ以降の試合が全部しょっぱくても食えているんです（笑）。

だから僕が教える時にはなんでもやらせます。

でかい選手にも他の選手と同じように前転をやらせます。

大きな選手にリングで普通に2回受け身を取らせると、サイズ的にギリギリでとても立てない。でもやらせるんです。「小さくなれ。イメージしろ、お前は野球ボールだ」とか言いながら。すると10回中、2回とか3回とか少しずつできるようになっていきます。それをできないと決めつけてしまうのは、教える側の問題です。妄想させてでもやらせれば勝ち（笑）。

実はできるはずなのに、〝できない〟と思い込んでいる。そういうことって多いんですよ。だったらできると思い込んでやっちゃったらいいんです。

初めから「できるかな、できないかな」と迷ってしまったらできない。ちょっと怖がっているだけの選手には「大丈夫だから。できるから」と言います。「いざとなったら僕が支えるから大丈夫だ」と。そうやって1回できちゃえば、できるんです。それに気づかせてあげるのがコーチの仕事。ロビンソンにはそういうことを教わりました。〝正しく手順を積み重ねれば大丈夫。できないこともできるようになる〟ということです。〝正しくやる〟なかで、

〝気づかせる〟ことが大事。

ロビンソンに初めてダブルアームを教えてもらった時もそうでした。練習が終わった後のクラスで遊んでいたら「違う、そうじゃない。遊びでやってるのはわかるけど、やるならちゃんとやらないと駄目だ。怪我するから」って。ちょうどフロントスープレックスができるようになった頃で、新しい指示をもらって動いていたら「ゴー！」と（笑）。〝あれ、これダブルアームスープレックスじゃん！〟と思っていたら怒った顔で「ゴー！！」って（笑）。それが最初でしたね。

この〝気づく〟ということが凄く重要で、それは練習はもちろん、レスラーとしてのあり方も、気づけるかどうかなんです。

僕の場合は試合で言えば船木戦、レスラーとしては猪木さん、藤田さん、カシン。プロレスラーが持っている〝近寄りがたい雰囲気〟、それはプロとしての品格だと思います。まあ、今は藤田さんには説教していますが（笑）。

逆に気づく側の用意も必要です。いろいろなものを見ておく。今のプロレスはもちろん、古いプロレスを見るのは当たり前で、プロレスに関係のないものも見ておく。その時にわからなくてもいいんですよ。そのうちに何か一つハマると、バーッと全部が繋がって理解ができる。その時にどのくらいストックを溜め込めたかが差になる。練習も同じで、その時できなくてもいいんです。ずっとやっているうちに一つできた途端にあっという間にできるようになることがある。それがロビンソンの教え方でした。

教える方は、言って理解させるんじゃなくて、気づかせて自分のものにさせる。教わる方は、どこで気づくかわからないから、頭も体も常に準備をしておく。

僕の考えるプロレスは、理屈が9割。残りの1割が〝破壊〟です。

9割は理屈で考えたり、自分の体をコントロールする技術で成り立っている。だけどそれだけだと面白くない。だから1割はそこまでの理屈を破壊するような何か。パッとその場での、自分でも思ってなかった〝気づき〟が必要。そういう矛盾の上に成り立っているのがプロレス。

老害は去れ

僕のなかではキャリアが1年だろうが、30年だろうが関係ないと思っています。小鹿さんまでいけば別ですけど（笑）。でもリングに上がった以上同じ気持ちで対戦できないと駄目でしょう。

だからある選手に試合の後で「俺はキャリアで押し潰すような試合は絶対しないから。そういう奴らを排除したい。横一線で試合をして、もし俺のことを〝駄目だ〟と思ったら潰して。その時は辞めるから。そういう試合をやろう」と言いました。

リング上って実は二人っきりで話せる場所なんです。

そうしたこともあって僕は先輩にきつく当たるし、うるさいことを言う。逆に後輩に対してはたまにしか言わないです。田中将斗さんや杉浦（貴）さんは若い人以上に体を張るんですよ。そういうのを見せられたら何も言えないですよ、説得力があるので。それができなくて若手に口だけで何か言ったりするのであれば引退してほしいですね、プロの世界なんだから。

プロレスって「30歳過ぎて一人前」みたいなことが言われていて、もちろんキャリアが大事なのは凄くわかります。でも、今の時代を考えたら若い選手に希望を与えたい。指導の方法次第では現役のピークを早く、長くできると思っています。

そのためにはベテラン、キャリアのある選手が、そこでふんぞり返るんじゃなくて、自分のキャリアを見せて味わわせてやらなければ嘘でしょう。小細工抜きで本当に良いものを体験させてやる。それができないのを「やらない」と、〝嘘をつくな〟と思います。

少なくとも僕以降の選手には、そういうことを味わわせたくないと思います。できない選手はどんどん辞めてほしい。

逆に後輩はこれからのプロレス界にとって大事な資産ですからね（笑）。ここにいる以上、いつかは彼らに食わせてもらうようになる。だけど、ほとんどの人はそう思っていないからちゃんと教えない。本当はそういう人の循環、教育が大事だと思います。

僕自身、ロビンソンとカシンという良いコーチに教わったので、教えることに興味があるし、楽しみも感じています。教えるっていうことは繋げられるということですから、

ロビンソンに教わったことを誰かに繋げられることは、凄く楽しみなことです。

プロデュース論

お客さんがどう思うかはあるんですけど、自分なりにここまで120%やってきて、もちろんまだまだできるんだけど、プロレスラーをプロデュースすること、育成には興味がありますね。「ああ、これは楽しいな」と。

それは藤田さんのセコンドについたりしているなかで思うようになって。まあ、先輩を「育てる」と言ってはおかしいんですけど（笑）。

それは結構貴重な経験で、ある程度の位置までいった選手が、他の選手のセコンドについてあんまりないんですよ。オカダ・カズチカがやるかといえばやらない。まあ、彼はやらなくていいんだけど（笑）。新日本に限らず他の団体を見渡しても、そういうことをしている選手っていないんですね。そう考えると結構貴重な経験をしているんだなと思って。杉浦軍の枠組みに入れたのは凄く良かったと思いますね。いろんな選手とタッグも組めましたし。

一人の選手に試合をさせるために、お客さんを満足させるために、自分の体を使わずになにができるんだろう、どうすればいいんだろう、と。僕もいつかは試合を辞めるわけじゃないですか。そうなった時にも、お客さんと団体を満足させるにはどうすればいいのか？　二つの方法、自分の体を使った場合と、そうでない場合、それを考えて試せたのは、自分にとっては「良い準備期間だった」と思いますね。

自分が試合をしてお客さんが沸く、ということにジャンキーになるんですけど、藤田さんと谷口（周平）さんの試合※にセコンドでついて、バーンと試合が跳ねた時も、自分の試合と同じくらいの気持ちになれたんですね。だから「ああ、これはこれでやめられないのかな」と思いましたね。「面白いな」と。

同じプロレスの仕事なんだけど、これも、

「やめられない仕事になるな」と。

2019年11月2日「ノア　NOAH the BEST 2019 〜美学のある闘い〜」両国国技館　○藤田和之対谷口周平（7分57秒　レフリーストップ）

だから最近はプロレスをするということについては、「リングに上がっていても、いなくても同じかな?」と思うところがある。鈴木秀樹として試合をするというのは、実際にリングに上がらなくてもできるんじゃないか、と。違う人にやらせて、アドバイスしたりプロデュースするのも試合をするのと同じことで。前は全然違うことだと思っていたんですけど、意外に同じだった。

多分それはいつも「実際に自分が試合をしたらどうだろう」と考えているからでしょう。それを自分じゃなくて他の人にしているだけなので、自然にできて楽しいんだと思います。結局、僕はずっと自分で自分をプロデュースしてきているので。これはこれでまた違う種類の中毒性があるのかなと思いますね。

だから今タッグを組んでも、藤田さんがいるとそっちの方に目がいくんですよ(笑)。それが面白くて「俺はもう出なくていいよ、そのまま二人でやってよ」って(笑)。そのぐらいの気持ちになる時があるんですよ。もしかすると現役の選手としてだけの欲は少し減ってきているのかもしれない。

ただ大会をプロデュースするというのは大変ですね。この間ニコニコプロレスで僕プロデュースで無観客の大会※をするという企画があったんですけど、これは面倒くさかった（笑）。新木場で全部で5試合という小さい大会でも、やっぱり一試合見るのと、人を呼んだり、調整したりというのは違いますから。

あまり無観客の試合をやっていない選手を選んで、「試合順はあるけれど考えなくていいよ」と言っていたんですけど、それは嘘で（笑）。どういう風に試合順番を考えているのか見ていました。

第一試合に出てくれた本田竜輝君（フリー）と平田智也君（プロレスリングFREEDOMS）は、ちゃんと試合順を考えて〝会場を温める試合〟をやってくれていました。〝無観客〟といっても実際はそれも嘘で、観てくれている人はいる。リングに上がる以上そこに意識があるかないかが大事で、会場にお客さんがいないからこそやれることがあるはずなんだけど、そこに意識が足りてない選手は飛ぶべきところで飛ばない。僕の方ばかり見ている選手もいたけれど、それも駄目で、見るべきはお客さん。無観客でもいるんだから。これはこの大会に限らずあることで、プロモーターの方を見て試合をしている選手が多い。だけど本当にお金を払っているのはお客さんで、そこを間違えている。そういうことがよくわかりましたね。

※ 2020年6月28日「ニコニコプロレス　鈴木秀樹プロデュース　全試合シングルマッチ」新木場　MVPは平田智也が受賞。

新日本プロレスについて

棚橋さんが起こした改革については、リアルタイムは僕がＩＧＦの時で、最初は「僕の好きだった新日本プロレスを壊している」と感じていました。

ただずっと見ているうちに「意外に古臭いことをやっているな」と思うようになりました。雰囲気があんな感じなので伝わりづらいのかもしれないですけど、試合はどちらかというと古いオーソドックスで、いい意味でベタ。これは自分がフリーになってからわかったことですね。

新しいものを作る時に「若者、余所者、馬鹿者が必要だ」と言いますけど、棚橋さんは新日本の歴史からすると「余所者」だった気がします。若くて学生プロレス上がりだということもあって「外様」ですから。オカダ・カズチカ選手も新日本に入り直しているけれど、元々は闘龍門※から来た人で「余所者」で「若者」なんですね。中邑（真輔）さんは、「馬鹿者」的な雰囲気ですね（笑）。おかしな雰囲気・動きで新日本の本筋から離れている人。そういう三人が、ちょうど上の人がいない時期に

※日本人プロレスラー、ウルティモ・ドラゴンが1998年に立ち上げた日本人ルチャドール（メキシコスタイルのレスラー）養成学校。現在活躍する多くのレスラーを輩出した。現在は活動停止している。

揃ったのが良かったんでしょうね。それは大事なことで必然性があったんだと思います。みんないろいろ苦労しているんだけど、それを見せないのも新しかった。新日本にはこれからも盛り上がってほしいです。全然煽りとか皮肉とかではなくて、真面目に業界一位が盛り上がることは大事ですから。

だけど僕自身「新日本に上がるチャンス」とか「新日本に挑戦」とかいう気持ちはさらさらありません（笑）。選手個人として「中邑さんと試合がしてみたい」というのはありますけど、「挑戦」という気持ちはなくて、仮にそうなったとしても「職場が変わるだけ」ということで、オファーがあれば「検討します」ということです。

中邑さんと試合をしてみたいというのは、しっかりした世界観を持っているからです。

その上で「誤魔化さないプロレス」をする。「逃げない試合」と言っていいかもしれません。自分のなかに持っている新しい世界をどんどん対戦相手とお客さんにぶつけている感じで、選手から見ても魅力があって面白いですね。だからその世界に「触れてみたい、入ってみたい」というのはあります。

また「その世界を壊した時にどうするんだろう?」という興味もあります。選手としてというより、もしかすると人として興味があるのかもしれません。今まで接点はないんですけど、まあやっぱり「変な人なんだろう」とは思いますね(笑)。

今の新日本は昔のWWFと入れ替わってしまったイメージがありますね。ただそれは僕の印象で、なんであれお客さんが来ているのであればそれが正解。お客さんが観たいもの、自分たちが見せたいものを考えながらやっているわけですから、それはそれで良いと思います。むしろそういうことを考えないでやっている団体の方が多いわけですから。そこが相対的な評価、お客さんの評価と自分の主観的な評価のバランスの問題で、新日本に限って言えば、今はそれがうまく取れているのでお客さんが入っているんでしょう。

ストロングスタイルについて

よく「鈴木選手はストロングスタイルですね」と言われるんですけど、僕は違うと思っています。

本当の意味でのストロングスタイルというのは、猪木さんが現役の時の新日本プロレスにいた人たちのことなんです。だから猪木さんの付き人をやっていた藤田和之が最後なんです。いわゆる〝猪木イズム〟はＭＭＡもプロレスも普通にやっていた藤田さんで終わり。まあプロレスは面白くないんですけど（笑）、でも両方やった。そういう選手が〝猪木イズム〟であり〝ストロングスタイル〟なんです。

僕は猪木さんの所にいただけ。考え方を聞いたり教わったりしただけで、付き人をして四六時中話を聞いたりしたカシンさん、永田さんたちが猪木さんの教えをちゃんと受け取った最後の世代。僕はロビンソンに教わっただけですから、僕では触れられない人です。

だから「どんな接点がありましたか?」という質問には「こんなことがありました」と答えられるのですけど、「猪木さんの印象はどうですか?」と聞かれても、僕の持っている材料では答えられない。猪木さんを理解して語るにはいろいろ不足しすぎという感じです。そもそも他人に理解できる人じゃないでしょう。

猪木さんを語る時に多くの人が失敗するのは、

「俺は猪木を理解している」という〝誤解〟から始まっている。

わかるわけがありません(笑)。

それでも僕がなんだかんだと猪木さんのことを話しているのは、短い間でもやっぱり印象的で、人に話したくなるからですね(笑)。

アントニオ猪木

猪木さんと初めて会ったのはＩＧＦの前夜祭、愛知県大会の時です。「控室に猪木さんが入った」って聞いたんで挨拶しに行ったんですよ。そうしたら、でっかいテーブルがあって、最初猪木さんがなにか書きものをしてたんですよね。で、それが終わるのを待って、「今日デビューさせていただきます鈴木秀樹です。よろしくお願いします」って、頭を下げて、結構、近い距離で言ったんです。で、顔を起こしたら、張り手が飛んできた（笑）。

右手で握手していたから、左手で。思わず、顔を振って避けちゃった（笑）。そうしたら、

「避けたな」

って（笑）。〝やべぇ、避けちゃった〟と思って「すみません」とか言ったら「まぁ、頑張って」と。それが一番最初でしたね（笑）。

後になってなんかで読んだら、現役選手は避けた方がいいみたいですね。反射神経的なものをテストしている感じで。

でもその時は知らないから、大会後の打ち上げで、猪木さんが帰る時に「ありがとうございました」って挨拶に行ったら、またバーンって来て、今度は食らいました（笑）。「あ、これ食らわなきゃ駄目だ」って（笑）。

やっぱり痛かったです。猪木さんだけじゃないんですけど、掌底の当たる部分が分厚いんです。これ、藤田さんやロビンソン、小川直哉さんとかもそうなんですけど、格闘技が強い人だけじゃなく、スポーツ選手ってここを使うんでしょうね。だから指が太いとかではなく、掌底の部分が大きい。だから藤田さんとかもあれだけ強いパンチが打てるんでしょう。（ジェロム・レ・）バンナとかも大きかったですね。

でも猪木さんはスラッとしていて、その時はもう64か65歳だったと思うんですけど、姿勢が良くて、スーツが似合って。

テレビで見てたまんまの、みんなが思う〝アントニオ猪木〟でしたね。

第二部

正直者の人生論

フリーで生き抜くために

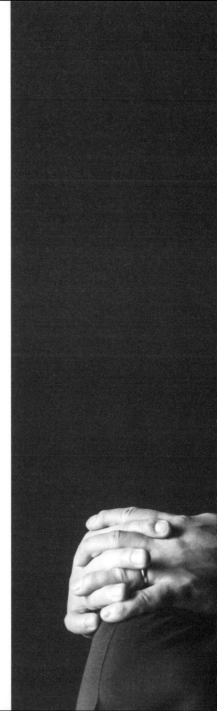

フリーは常に「なぜ」を考える必要がある

後輩に「フリーになりたいんですけど、どう思いますか?」と聞かれたら、基本的には「やめた方がいいよ」と言います。単純に「大変」だから（笑）。

保険や税金とか、僕は公務員をやっていたから余計にそう思います。

ただ会社員であってもフリーみたいな気持ちは必要じゃないかとは思います。

例えばお金のことでも、組織にいるとだいたい毎月決まった金額が入ってきて、そこから逆算して自分の生活を考えますよね。

だけどフリーだと「自分はいくら必要なのか、欲しいのか」ということを考える。保険や家賃、食費、光熱費を含めて月30万でいいのか、それとも50万なのか、100万円じゃなきゃ嫌なのか。上を見ればキリがないんだけれど、「自分に何が必要なのか」と「自分に何ができるのか」を考えなければいけない。

そうすると、お金と違う付き合い方が明確にできて、「これはあんまりお金にならないけど面白い」とか「これはあんまり面白くないけど、お金がいいからやろう」「これは先行投資でやっておこう」といろいろなことが見えてくる。

ギャラの交渉でも、「なぜこの金額を請求するのか」という根拠が言えないとできないですから。お金の交渉が苦手な人は、あまりそこの部分を考えていないから「いやぁー」って誤魔化しちゃう。それじゃあフリーにはなれない。フリーランスは、

「なぜそうなるのか」「なぜそうしたいのか」と、「なぜ」と考える必要があるんです。

だからといって全部をお金に換算するのもしんどい。

実は僕もフリーになった当初はお金を中心に考えて仕事をしていました。「プロなんだから稼がなきゃ」というのがあったんですね。もちろん今でも自分の価値ということではその部分はあるんですけど、「稼がなきゃ」と、何でもかんでもお金に換算してやっていると疲れちゃうんですよ。

そこでちょっと「自分が何を目的にしているのか」と考え直した時に、気がついたのは「ダラダラしたい時間が欲しい」ということだった（笑）。

ソファーでｉＰａｄをいじりながらテレビを見ている時間。それが僕にとって重要な時間だったわけです。そう考えると仕事のペースやお金との距離が見えてくる。もちろん、「俺は金を稼ぎたいんだ」というならそれでもいいんですけどね。

僕の場合は「何を得たいか？」を考えることで、お金を目的としたスパイラルからは離れることができた感じです。フリーでも会社員でも一度そこを考えると、何が必要なのかが見えてくるんじゃないですか。

フリーは「なるべくしてなった人」

僕からフリーになる人向けにアドバイスはないです（笑）。

僕自身、消去法でフリーレスラーになったわけで、積極的になったわけではないですから（笑）。基本的にフリーになる人は「なるべくしてなった人」なんじゃないかと思います。

逆に言えばフリーになった人はなった時点で用意ができている人。それは本人の性格や実力、周りの環境を含めたもので、半分くらいは自分でコントロールできない要素がある。だから本人的には、

「なるべくしてなった」としか言いようがない。

僕の場合はＩＧＦの運営が変わって試合数が減ったので、試合数を増やすためにフリーにならざるを得なかった。そもそも郵便局を辞めたのだって、もう嫌で限界だったところに「デビューできるよ」という声が掛かったわけで、他に選択肢がなかった。全部消去法の結果論です。

だからフリーのレスラーになって、最初に思ったのはカシンの真似です。ちょっとしたことでも「これいいいな」と思ったら真似てました。

今、僕がコーナーで足をかけるのはバンナの真似。彼の場合はコールの時じゃなくて、ダウンを取った時にコーナーに戻って、左足をロープにかけて相手を見下すんですね。それを見て「いいいな」と。偉そうなんですよ、凄く（笑）。僕も偉そうな感じがいいなと思ったので採用しました（笑）。

あとはもちろんロビンソンの真似です。

「あるある」を消して作った個性

消去法でフリーになったからというわけじゃないですけど、試合も消去法で考えています。例えばリングでよく「組んでロープまで押し込んだ後、クリーンに離れてお客さんから拍手が起こる」というシーンがあるんですけど、僕はどの試合、どの団体でも拍手をやらせない。

多分、選手もお客さんもあの拍手や声援が起こる「間」が欲しいんですよ。だったらその「間」を消してしまった方が鈴木秀樹というキャラクターにいいんじゃないかと思って繰り返しているうちに、試合に緊張感が生まれてきた。「間」がなくなることで、お客さんが息を詰めてグッと前のめりで試合に集中する。

別に最初からそこまで考えて始めたことではなくて、いわゆる「プロレスあるある」を一個ずつ消していくなかで見つけたことで、結果的にお客さんがそれを僕の個性と受け取ってくれたんですね。

猪木さんはよく「客が背もたれから離れて〝どうなるんだろう？〟と前のめりになるようなことをしなければ駄目だ」と言うんですけど、その通りだなと思います。拍手や声援をもらうのが悪いわけじゃないですよ、それはその人の在り方だから。

だけど僕は逆の方、自分がプロレスでよく見ていたことの反対側をやって、それが結局僕の個性として受け入れられた。

だから僕のキャラクターというのはロビンソンとカシンの真似の上に、最終的にはお客さんがつけてくれたものなんです。

本当に自分が成りたかったのは武藤敬司、ムタだったんだけど、それはできないしニーズもない。最終的にキャラクターというのは自分で作るものじゃなくて、つけてもらえるものだと思います。そこを間違えて「個性」とか「スタイル」だと思うと駄目ですね。

結局ニーズがあるかないかということ。

だけどそれにあんまり合わせようとするのも良くない。何回も言っていますけど、お客さんの想像を超えなければ飽きられてしまうし、自分もつまらなくなるから。

僕はシリアスなストロングスタイルと取られることが多いですけど、小林軍団で笑われる試合も好きです。

結局、最低限のところ一定のレベルに達しているんだったら、今の時代どんな試合をやってもいいと思っています。究極的に面白ければいいわけですから。それがフリーで仕事をする条件でしょう。

早すぎた、猪木VSアリ戦

ニーズということでいえば、猪木さんや佐山（聡）さんはやっぱり早すぎてお客さんがついて来られないんでしょうね。

例えば猪木さんの（モハメド・）アリ戦※なんかもそうで、当時は「世紀の凡戦」

※1976年6月26日「新日本プロレス　格闘技世界一決定戦」日本武道館。当時現役のボクシングヘビー級チャンピオンだったモハメド・アリとアントニオ猪木との試合。ギリギリまでルールの策定で揉め、最終的にはアリ側からの要求でタックル、チョップ、投げ技、関節技などが禁止となった。そのため試合は"立ったアリ対寝た猪木の状態"で進み、ともに決め手を欠いたまま引き分けに終わり「世紀の凡戦」と呼ばれた。近年、MMAの普及とともに再評価の機運が高まっている。

と散々だったそうですけど、今でも語られる試合ですよね。この間テレビで再放送されたのを、普段は全然格闘技なんか見ないうちの奥さんが見て「面白かった」って言っていましたから、やっぱり早すぎたんだと思います。

前に猪木さんと一緒にいる時に「これ見ろ」と言われて、iPadで見せられたことがあって。猪木さん自身は2ラウンドくらいで飽きたみたいで、「後、見ておけ」ってどっか行っちゃったんですけど（笑）。

その時に、「この試合の時はどんなことを考えていたんですか」と聞いたら、最初は「どうやって勝つか」だったけど、本当にルールで滅茶苦茶に揉めて、試合の前日の深夜1時、2時までやっていても結論が出なくて、向こうからは「試合をやめる」って話まで出ていたそうです。そこで猪木さんが「わかった、もう後は任せる。どんな条件でもいいからリングにアリを上げてくれ。上げてくれれば後はなんとかするから」って。その瞬間、頭が切り替わって、「勝ち負けを超えて、とにかく試合を成立させることを考えてやった」と言っていましたね。それはそうですよね、何十億円というお金がかかっているわけだから（笑）。

だけど試合を見ると猪木さんエルボーとかグラウンドで足を取って膝十字かなにか仕掛けようとして、相手のセコンドがすごく怒っているんですよね（笑）。やっぱりそういうことをやれちゃう人なんですよ。格闘技に強いとかじゃなくて、「人間として強い」。猪木さんはよく「殺し合いなら負けない」と言うんですけど、そういう感じ。

猪木さんの押さえ込み

一度、猪木さんがＩＧＦの練習場に来た時に押さえ込みを教えてもらったことがあります。その時は横四方だったんですけど、猪木さんが僕を見て「お前、信じてないだろう」と言われたので「はい、やってもらっていいですか」と（笑）。

やっぱり猪木さんはアゴを使うんですね。それがとがっていて本当に痛い（笑）。僕も下から髪の毛掴んだりいろいろやったんだけど疲れてきて返せませんでした。

無理やり力でやればわからないけれど、それじゃ練習にならないですからね。

終わったら、「どうだ、嘘じゃないだろ」って。「はい、失礼しました」と答えました。「俺は今65歳で練習も全然していないから体もこんなに細い。だから試合では負けるかもしれないけれど、殺し合いなら負けない」ってグチャグチャの髪の毛で（笑）。それを聞いて僕は「いや、あんた試合でも絶対やるでしょ」って思いました（笑）。

本当に想像した通りのアントニオ猪木なんですよ。その練習って猪木さんと奥さん、マネージャーと僕たち選手しかいないのに、期待通りの〝アントニオ猪木〟。ちなみに猪木さんの押さえ込みの感覚は桜庭（和志）さんに似てましたね。上手い人はみんなそうなんですけど、体はそんなに太くないのにパワーがあって、ガチンと重たい感じ。隙間があるようでなくて、いけそうな感じがするんだけど動かせない。僕は150キロの人にも乗られたことがあるんですけど、それよりも厳しい。これはいい経験でした。

それにしても、やっぱり猪木さんのことは話したくなりますね（笑）。

情報はできるだけ入れておく

プロレスに限らず情報はできるだけ入れるようにしています。それは知らない情報を知った時に、自分がどんな反応をするのか知りたいからです。

それと仕事の話が入ってきた時に、即座に反応できるようにするためですね。

僕は紙の週刊プロレスは隅から隅まで全部読んで、どの記者がどんな記事を書いているか確認して、リアルタイムの情報はＳＮＳやネットサイトでチェックしています。この二つを擦り合わせて実際の様子を考えるわけです。もちろん週プロモバイルはプレミアに入っています（笑）。変な話、四六時中チェックしている感じで、団体や人がどう動いているのかを結構タイムリーに押さえています。

以前、リアルジャパンプロレスに上がっていた時に、納谷（幸男）選手と試合をして、少し話題になったことがありました。「これはもう一度、今度はシングルがあるかな」と思っていたら、彼がリアルジャパンを辞めてＤＤＴに移籍したという情報が入ってきて、「これでなくなったかな」と思ったら、そのＤＤＴから「鈴木さん、うちのリングに上がりませんか」と参戦オファーがありました。すぐに「納谷君とはどこでやりますか？」と先に聞いたら「あ、（組んでも）いいですか？」と。知っていれば話がワンテンポ早くなる。実はこういうことを自然にできている人もいるけれど、やっていない人も多い。

僕の場合は仕事だからというよりも、そういう情報を入れておいて、頭のなかでいろいろ組み合わせるのが好きなんです。「これとこれが絡んだらこういう展開で」「自分がそこにいたら、こういう展開もあるな」と考える。仕事ではあるのだけれど、それ以上に考えるのが面白くて自然にやっている。

雑多な情報がいつも頭の片隅にあって考えている感じです。

お金について

改めてお金のことについて言うと、僕もフリーになった当初は言われるがままの値段でやってました。自分の価値がわからないし、他の選手と交流することも全くないから、相場がどれだけなのかもわからない。

値段を自分から提示するようになったのは、船木誠勝さんと試合したり、ベルトを巻いたりしたあたりからです。

連絡をくれた相手に値段と「これだけのことをやったから、このくらいの価値はあるのではないかと思います」という根拠を伝えて、

「この価格で各団体一律でお願いしてます。それでよかったらお受けします」

と。

値段の基準はチケット換算です。どの団体もだいたい5000円チケットがあるので、自分の試合目当てのお客さんで何席くらい埋められるかを考えるんです。10人だったら5万円、20人だったら10万円。そうやって決めています。タイトルマッチかどうかは関係ないです。それで質の変わる仕事はしていません。団体の規模とかも考えていません。高いか安いかは僕ではなく主催者が考えること。僕はその金額分働くだけという考え方です。

他の選手とも比べません。相場は無視しています。

そうではなくて「自分はいくら欲しいのか、いくらの価値があるのか、主催者から見ていくら払えるのか、払う価値があるのか」という感じです。

相場は同調圧力ですよ。

常識は同調圧力

常識も相場と同じで同調圧力。「こうでなくてはいけない」というか「こうあってほしい」という願望だと思います。どこかで「みんなで不幸を分担する、分かち合う」というのがあって、「俺も不幸だからお前も不幸になれ」という（笑）。お金持ちが叩かれやすいのはそれですよね。「羨ましがる」という。

本当は自分とは関係ないのに、そう思えない人が多いんでしょう。

「富裕層」という言葉自体がそうだと思います。「本来なにが富裕なの?」って言えば、綺麗事じゃなくてお金だけじゃないだろうと思います。お金がなくたって幸せに暮らして死んでいく人もいるでしょう。いくらお金があってもお金を追っちゃって駄目な人もいるだろうし。もちろんお金で困っている人もいると思うんだけど、結局「その人自身がどうか」ということになるんだと思います。

僕自身はそういう執着ってないんですよ。今が幸せ（笑）。でももし一つ願いがかなうなら「健康な体」（笑）。毎朝目が覚めたら、怪我が全部治っている体。そういう薬を開発してほしい（笑）。それが物凄く高かったら僕も銭ゲバになって働きます（笑）。それはプロレスがやりたいというのもあるけれど、やっぱり猪木さんの「元気があればなんでもできる」からだと思います。

「元気があればなんでもできる」って真を突いていて、結局元気がないと駄目なんですよ。健康でいられるためには気持ちも心も体も元気でないと駄目で、だからなるべく自分にストレスがないように生きているんです。

健康でいればいざという時に何かを選択する時にも余裕ができますから。

家でゴロゴロできればいい

だから実はお金自体に僕はそれほど執着がありません。僕にとっての一番の幸せは、なんにもやることがなくて、結局家で横になってｉＰａｄをいじったりテレビを観たりしてること（笑）。だからお金を使う必要なんてないんです。ある時どんどんお金が貯まっていくので「おかしいな？」って思って、考えてみれば僕が使ってなかっただけと気がつきました（笑）。

好きなものを食べるのは幸せだけど、別に高いものを食べるわけではなくて、好きな時に近所のコンビニやスーパーに行って、食べたいものを買って食べる。それがたまたま高い場合もありますけど、わざわざ高くて美味しいものを探してということはないです。一人でペヤング食べるのも、高級レストランで美味しいもの食べるのも、得られる幸せのレベルはそれほど変わらない。

スーツくらいは既製品ではサイズがないので作ったりしますけど、車も都内に住んでいるので必要がなくて、免許の返納を考えるくらいです。家もそこそこ便利なところであれば、広いところに引っ越したいとも思わない。奥さんにクリスマスプレゼントで何が欲しいか聞かれても別にこれといってなくて、「いらないよ」です。ただ、この間はアメリカに行くので「大容量の携帯用充電池。5回くらいフル充電できる奴を買ってくれ」って言いましたね。

そこで「高いから良い」って、わけもわからずお金かけるようになっちゃうと苦しくなるんだと思います。

だから僕の幸せってもう完成されてしまっていて、これ以上にやりたいことがないんです。初詣でも〝現状維持〟を祈願しています（笑）。

必要以上のことは「余計なこと」。

お金は公平な価値基準

でも僕のギャラは安くはないです。それはお金が必要、必要じゃないという以前に、自分の価値を客観的に測るものとしてお金が一番公平だと思うからです。

仕事としてプロレスラーをやれているというのは、誰かが僕に価値があると思っているからで、そこには仕事と等価値のお金が発生する。それが低いというのは価値がないということです。もともとフリーになる時に、専業でやっていけるだけ稼げないならプロレスラーを辞めようと思ってました。

プライドというより、そういう区切りを決めないとずるずる続けちゃう気がして。兼業している人もいますけど「リングに上がる」っていうのは、ある種のドラッグみたいなもので辞められないんですよ。大仁田厚さんをはじめ（笑）。

幸いにして僕は続けられたのでここにいます。

時々聞く話で選手にチケットのノルマが課せられる場合がありますけど、そういう選手は試合を受けたらいけないと思います。あなたには「ファイトマネーを払う価値がない」って言われてるのと同じでしょう。僕はそういうノルマを課せられたことはありません。IGF時代は猪木さんがチケットを全部売ってましたし、フリーになってからもありませんでした。なんとなく大物感を出してエラそうにしているから「ちゃんとギャラを払わないと」って思わせてるのかもしれませんね（笑）。

今思うとIGFの時はプロレスがどう運営されているかとか、そういう仕組みについては全くわかっていませんでした。それは幸運なことだと思いますけど、フリーでやるからには、実際に運営に関わるかどうかは別として、おおよその流れは知っておいたほうがいいでしょう。

選手だったら必ず組織と対立する場面が出てきます。

その時にお互いの領分をわかっておかないといけない。

SNSとの付き合い方

今はSNSでファンから選手に簡単にメッセージが送れて、それなりに選手も使ったり、内容を気にする人もいます。

僕自身について言えば、使っているけれど書かれている内容はあまり気にしていません（笑）。性格的なこともあるのでしょうが、〝いろいろな声をもらえるいい仕事だ〟と思っています。評価がわかりやすくていいですね。何を考えているのかもわかるし、否定的な評価や意見も「そういう見方もあるよな」と思ってます。

そうでないとできない仕事ですよ。それが大前提。

SNS上での評価は、見ているけど気にしない。

一番気にする評価はやっぱりお金です。

僕の仕事は勝ち負けがありますけど、それ以外の部分ではっきりした評価の基準になるのはお金。支払われるのはプロモーターからですけど、その後ろにはお客さんがいるわけで、その具体的な数字がお金という形で見えるわけです。それはSNSより本当の意味で生活に直結した明確な評価なわけです。

結局、同じ試合でも「面白かったよ」と言ってくれる人と「つまらなかった」と言う人がいるわけで、そのなかで一番価値があるのがお金＝数字だと思います。難しいのは、だからといってお金を追うと駄目になる。結果的についてくるものであり、絶対的な評価の基準という感じ。

これを生きているなかでうまくどっちに寄っていくかをコントロールする。ある時はお金に寄った仕事をして、違う時にはお金から外れた仕事をする。実際あまりお金にならない仕事でも楽しい時はあるわけです（笑）。逆に、あんまり面白くないんだけど、「まあ、お金で割り切ってやるか」という時もある。そういう、自分なりのお金との距離を持っていた方がいい。

リングに上がったら必ずギャラはもらう

原則お客さんを集めるのはプロモーターの役目。選手の仕事は試合を見せること。だからどれだけお客さんが入らなくても、ギャラはきっちりもらいます。以前「3日間で2万人来る」と言われて呼ばれたイベントで、500人も来なかったことがありました（笑）。

僕はその時も3試合やって3試合分のギャラをもらったんですけど、控え室に行くと、ギャラをもらえずにいる選手もいる。仕事だと呼んでおいてお金を払わないんですから、プロモーターのやってることはもちろん酷い。でも選手側にも非がある。ちゃんと試合をやってないからギャラをもらえないんです。

このイベントは野外だったんですが、そのうちの1日が土砂降りで、お客さんが全然いなくて、後輩レスラーから「お客さんほとんどいないけどやりますか？」と聞かれました。僕は、

「もちろんやるよ。お客さんが0人だってやるから」

と答えました。

そこでやらなかったら「ギャラをくれ」とは言えないわけです。リングに上がって試合をしたから言える。

でもその時は「誰も見てない土砂降りのリングでの試合も面白いな」と、思っちゃったんですよね(笑)。

お客さんがいないのをいいことにやりたい放題やりました。やっぱりお客さんいなくてライブが中止になったアイドルステージに相手選手を連れてって試合したり、お化け屋敷に乱入してお化け役の人に「何やってんですか!」って怒られながら試合した（笑）。その試合なんて僕と対戦相手とお化けしか見てないんですよ（笑）。

そこは時代劇のロケで使う櫓があったんで、それで相手を殴ったり、小舟に対戦相手を乗せて流そうとしたり（笑）、そんな試合を十人いないくらいの観客が見てるんです。おかしいですよね（笑）。

この日は昼と夜の2部構成だったんですが、夜は照明すらない。申し訳程度に小さいランプが点いていたんだけど、ロープが黒いから見えない（笑）。音響もないからリングアナが拡声器で「鈴木秀樹選手の入場です！」なんて言うんだけど、BGMもなくてスタッフの手拍子だけで入場（笑）。手拍子で入場したのは初めてでした（笑）。


雨が降るなかでの5対5の試合で、僕は入場からずっと傘さしたままで試合が始まってもリングの隅で傘さして立ってる（笑）。そういう試合でもやっておけば、あとで話のネタになるじゃないですか。もしやらなかったら「雨が降ったんでやらなかったんですよ」でおしまい。だったらやったほうが面白い。

「だったらやればいいじゃん」

こういう考え方はカシンの影響ですね。ＩＧＦの試合の後に「あの時、ああすれば良かったなあ」と言ってたんですよ。それを聞いてたカシンが「だったらやればいいじゃん」って。それからです、後でどうのこうの言うなら、まずその場でやっちゃう。もちろん失敗することもあるんですけどやっちゃう。

やらないとゼロなんです。やれば良かったのかも、悪かったのかもわからない。だけどやればわかる。そこにリスクはあるんだけれど、実は、

やらないリスクの方が大きい。

これはフリーはもちろん一般の人にも言えることだと思います。

年齢について

よく自分の歳を気にして「もう○歳だから」という言い方をする人がいますけど、僕は歳のことはあまり気にしたことはありません。

僕より年下の選手で「自分はデビューが遅いから」と相談されたりもしますけど、「俺は28歳でこの世界に入って、認知されたのが34、35歳だよ」と答えています。

年齢がどうこうじゃなくて、

「今なにができるのか、を追っていった方がいいよ」

と。

リングに上がったら何歳かなんて関係ないわけですから。「10年やっているから偉い」とか「キャリア1年だからまだまだ」とかは、お客さんが言ったり決めるのは仕方がないけれど、自分で決めることじゃない。

それは自分の可能性を小さくしてしまうこと。

社会人ならみんなそうでしょう。仕事をしている上で年上年下なんか関係ないわけですから。

年齢もそうですけど、僕は障害があるとか人種とかで分けて考えたり、態度を変えません。子供と大人で話し方を変えたり、お金とか地位とか、相手のバックグラウンドで自分の印象や態度を変えることがないんです。

これがフリーでやる上で一番良かったように思います。上下をつけるのが嫌で。猪木さんについても「上」という感じではなく「凄い人」という感覚で、カシンや藤田さんもそうです。後輩についても「下だ」とは思っていません。たまたま僕が年上なだけで、それで上下を決めるということに違和感があります。

平等の関係で付き合う

プロレスラーやスポーツマン、お相撲さんはいわゆるタニマチがいる世界ですけど、僕にはいません。声もかからないですね（笑）。多分、そういう付き合い方をしないからでしょう。

これは昔からそうなんですけど、ごちそうされるのが苦手です。綺麗事ではなくなんとなく嫌で、自分の好きなものを自分の好きなタイミングで食べたいから。人に奢ってもらって叙々苑を食べるなら、一人ですき家で食べている方がいいんです（笑）。もちろん叙々苑が美味しいのはよくわかってるんですけど。多分そういう発想なので、奢ってもらっても帰りにコンビニで好きなお弁当を買って、家で食べて本当の満腹感を得る、みたいな感じで（笑）。

僕はそういう人を見つける才能がないのかもしれないですけど、理由もなくお金をもらうのも変だな？という気持ちがあります。

この〝理由もなく〟という感じは結構僕のなかでは大事で、そこがちゃんとしていないと居心地が悪い。そういうことを含めて僕はプロレスラーのイメージ、〝無茶をして、破天荒な人〟というところから遠い存在なのかもしれません（笑）。でもおかしくないですか？　何もしてないのに奢ってもらったり、お金もらったりするのって。

多分それは北海道から東京に出てきて、家族から離れた時に「全てが自由な世界に出てきた」という感覚があって、「全てが平等だ」というのがあるからだと思います。

人間関係で〝敬う〟ということと〝上〟ということは違う。

年齢だ序列だという上下関係が本当に必要なのか?ということです。

それは学生時代からあって「なんで一年早く生まれただけのことで、こんなに上下関係があるんだ」と思っていました。相手がどんな馬鹿でも先輩なら命令できるというのが嫌で、「誰のことを〝先輩〟と呼ぶかは俺が決める」と思って学校では部活動に入りませんでした。

本当に自分が尊敬していれば自然に「先輩」と呼んで敬うわけで、同調圧力で上下関係を決めて、「敬う」「敬われる」関係って、そもそも意味がないでしょう。そういう関係のなかで「先輩の言うことだから」と嫌々従って悔いが残ったり、それで得た結果って、良くても悪くても自分のものではない。どこかで人のせいにしてしまう。そういう人間関係が嫌だったことも、フリーになった理由の一つです。全部自分の選択でやったことなら、失敗しても諦めがつくし納得ができる。成功したら自信になる。それがフリーの良さであり、難しいところだと思います。

僕はフリーも所属選手も団体も対等だと思ってるんです。「使ってもらっている」という風には思わない。団体側はお金を出してこちらは資本（体と技術）を提供する。そういうイコールの関係でしかない。「仕事をさせて頂く」というような上下関係ではなくて、あくまでも対等。そうでなければ話し合いが成立しませんよね。

あえて「敵」という言葉を使うなら、僕の敵は団体じゃないですし、団体の敵も僕ではない。立ち向かうべき相手はお客さんやマスコミ。そこにどれだけインパクトを与えるかです。そういう利害が一致した相手と何ができるかを一緒に考えるし、対等に話し合います。だからお願いしてリングに上げてもらったり、仕事をしているわけではない。もちろん話のなかで「こうすると面白いんじゃないですか」ということが売り込みになることもあると思います。でもそれは対等なビジネスパートナーとして一緒に仕事をするためのもので「上げてください」というお願いではない。「面白くないと思うなら断ってくださいね」というだけのこと。お互いそう思って付き合った方が楽だと思います。

だから僕にとってはどの団体も対等。「メジャーな団体に上がれて光栄です」なんていうことは全くありません（笑）。上がるリングが変わるだけ、職場が変わるだけのことで中野から高円寺に引っ越したようなもの（笑）。

正しく評価してくれて、一緒に面白い仕事ができるというところを選んでいるだけ。

この気持ちがないとフリーじゃなくて、便利な下請けになっちゃうんじゃないですか。そうならないためには、やっぱり考えることが大事なんだと思います。

随分前に、ある団体からスケジュールの話が来て、その後僕に確認なく突然対戦カードが発表されたことがありました。驚いて電話をかけると「言ってませんでしたか?」という返事で、「いや聞いていません。僕、出ないですよ」「いやそこをなんとかお願いできませんか」「勝手にこういうことをされたら出られません。なんとかするのは僕じゃなくてそちらでしょ」という会話の後、「今回のことはそちらの社長さんをはじめ、他の選手にもちゃんと説明してください。これは僕のドタキャンじゃないですから。そちらが手順を間違えたからです」と話しました。

結局、試合には出ず、その団体のサイトに謝罪文が掲載されました。

この時は「そちらの団体は大きくて、普通はフリーの人間であれば上がりたいと思うんでしょうけど、僕は結構です。ギャラも要りません」と担当の人に伝えました。

両者の間に信頼関係があれば必ずしもカードが決まっていなくても構いません。

だけどこの時はフリーになってから一年目くらいのことで、その団体とは初めての仕事だったのでキチンと手順を踏んで上がりたかったこともあって、そういう決断をしました。

相手が自分を適当に扱うのであれば、自分もそれに応じた対応をする。逆にちゃんと扱ってくれた時には、こちらもそれに応える。これはフリーで生きていく上で大事なことです。個人でも会社でも仕事をする上で大事な道筋があります。それはお互いに共通した価値観を持つということで、これがないところで仕事をすると良い結果は生まれません。

自分が１００％の仕事をするためには、

ベースの部分で妥協しない。

人の噂について

以前、猪木さんの奥さん（田鶴子氏　２０１９年死去）に「鈴木君たちもいろいろ聞くでしょ、私の悪口みたいなこと」と聞かれて「ああ、聞きますね。でも僕は奥さんから嫌なことをされたことがないので大丈夫です」と言いました。

そういう話って結構あって、実際他の人との話でもそういう時には「それは大変ですね。だけど僕は実際に嫌な目にあったことないので、僕がその人を嫌いになることはないです」と言っています。

それは猪木さんだってそうです。ある人から見れば悪いところが沢山あるかもしれないけれど、僕から見た猪木さんは〝普通の人〟だから。

こう言うと「いや、それは鈴木君が猪木さんのことを知らないから」と言われるんですけど、その時は「それはそうです。僕が知っている猪木さんしか知らないです。そうでないところの猪木さんのことを本人以外から知ろうと思いません」と答えています。

これは別に猪木さんに限らずです。その時その時、直接自分が言っていること、聞いていること、されていることが全てだと思っています。

だから昔のレスラーが「実はあの時は」という話もあまり好きではありません。それが本人の失敗談だったらいいんですけど、誰かを咎める話は嫌ですね。特に面白く話せないのは駄目です（笑）。

僕を含めて〝誰かの話〟というのは100％その通り、ということはない。だからそういう話を聞いても「それは今の話の中で省いている、あなたのどこかが駄目だったから、そうなったんじゃないの？」と考えて、一方的に物事を受け止めません。そういうことを含めて「その上で自分がどう思うか」です。

そもそも誰でも「万人に好かれる」というのは無理。

少年時代

僕にとって、自由な時間が凄く大事です。多分、他の人から見たら一日中ソファーでｉＰａｄをいじりながらテレビを見ているだけで、「なにやってるんだろう」と思われるんでしょうけど（笑）。でも僕にとってはその、だらーっとしている時間のためにリングに上がっている、生きているみたいなものです。

どうしてこんなに自由に拘るのかは、北海道で過ごした子供時代に関係しています。

僕は北海道で専門学校を卒業するまで育ちました。小学生の頃は両親と弟で４人一緒の部屋で、それが凄く嫌でした。中学になってやっと自分の部屋をもらえたけれど、やっぱりすぐそこにいるので気になる。その頃からそういうのがない、リラックスできる自分の時間が欲しかったんですよ。

もう一つ大きかったのは父親の存在です。父は大工で腕は良かったんだけど、家族に対しては凄く高圧的で、母親にも手をあげるような人でした。身長１８０センチ、体重も１００キロで、何か気に入らないことがあるとテーブルをひっくり返して暴れるので子供の僕にとっては恐怖の対象。だから物心がついてからはずっと父親の機嫌を損ねないように、何を聞かれても先回りして気に入りそうな答えをして、「それが自分の本心なんだ」と思い込ませていました。忖度ですよね（笑）。

高校を卒業する頃までの18年はずっと父に忖度する人生で、「なんでこんな家に生まれてきたんだろう」と毎日考えていました。

父親と喧嘩をしたのは一回だけです。高校を卒業する間際に、母親を殴っていたので止めに入った時。

僕のことも蹴ってきたんですけど、なぜかその時〝ゾーン〟に入って、蹴りが凄くゆっくりに見えて（笑）。咄嗟に「当たったふりをしたら隙を見せるな」と思いついた（笑）。それで「うわっ」と痛がったら案の定背中を見せたんで、後ろから掴みかかって引きずり倒して、ソファで殴りつけたんです。それが最初で最後の喧嘩。

東京で手に入れた「自由」

僕はもともと姉と弟の3人姉弟でした。姉は年子で僕が小学1年生の時に病気で亡くなりました。「再生不良性貧血」という病気で、出血してもかさぶたができないという難病です。今でも鼻血を洗面器で受け止めている姉の姿を覚えています。

姉とはファミコンの取り合いで喧嘩してましたよ（笑）。ちょうどファミコンが出た頃で、「夜は病室に持ってくるんだから、昼間は僕に使わせてくれ」と言って。姉はませた人で、小学1年生くらいで中森明菜が好きだったんですよ。あと大映テレビドラマ「ポニーテールはふり向かない」とか。普通、そのくらいの年代っていったら女の子なら魔女っ子モノなんでしょうけれども、姉は違いましたね。僕もなぜだかよく覚えていて「野々村真の歌が死ぬほどヘタクソだったなあ」とか（笑）。姉がつけていた日記を見ても、小学生にしてはやたら字が綺麗で「今日はお父さんが来た。嫌だった」とか書いてある。僕は字が汚いんですが、そこは共通してるんです。本当に父が嫌だったみたいです。

姉が亡くなった時のことはよく覚えてます。火葬場で骨を拾う時に「熱っ！」って骨を落としたんです。僕の育った地域では子供が死んだ時、両親はお葬式には出るけど、火葬場には立ち会わないという風習だったんです。だからおばあちゃんと一緒に骨を拾いました。

姉について抱いてたのは、「大変だなあ」という感情でしたね。洗面器で鼻血を受けるなんて尋常じゃないですから、「長くは生きられないんだろうな」というのは察してました。だから亡くなった時もそれほどショックではなかった。

それよりも覚えてるのが、親父のやったこと。火葬場から帰ってきたら神棚を外して壊してた。相当願掛けをしていたみたいで。でも僕は「神棚壊したって、姉ちゃんは帰ってこねえよ」って思いながら見てた。そういう風に、どこかの方向に振り切る人って苦手なんです。だから父も苦手だった。これは矛盾してるんですけどね、僕は今、振り切るようにしてますから。

僕の父は中卒で職業訓練学校を出て大工になった人だったんですけど、仕事は本当に凄くできました。何度も仕事を手伝ったんですけど、その度に「賢いなあ」って思いました。一軒家も一人で建てちゃうような人で、表側から見れば凄い職人。だけどそれ以外は駄目。家では暴れて母親を殴るような二面性がある人。

そういうこともあって、ニュースで事件を見ても「本当にその通りなのかな?」って思ってしまう。「裏側があるんじゃないか」と勘ぐってしまうのが身についてしまった。目の前で母親が殴られても、「もしかしたら母親の方にも問題があったんじゃないか?」って。「誰がどう見てもこうだろう」ということであっても、〝実は違うんじゃないか〟と。今思うと幼い頃から世のなかをそういう風に見てましたね。

そういう性格だから、仮面ライダーとか見ても好きなのは敵の方。それか、敵か味方かわからない謎のキャラが好きでしたね(笑)。こういう考え方、物の見方というのは僕の深いところにあると思います。

だから専門学校を出て東京の中野の郵便局に就職が決まった時は、とにかく「家を出られる」ということが嬉しかったですね。

その割に東京に来てすぐにホームシックになった（笑）。寮の部屋で「帰りたいな」と心細くなって。お腹も減ってきたので中野駅の立ち食いそば屋で食べて、寮に帰ってもやることがないので、近くのツタヤに入って立ち読みをしていたんですよ。その時にふっと「あ、今俺は自分の意思で立ち読みをしている」って気がついて。「いつ何を食べてもいいし、何時に帰ってもいいし、どんな風に誰と遊ぶかも自分で決められる」と、そう思ったらパッとホームシックが消えて、「これいいじゃん」ってなったんです（笑）。

そこからです、僕が人の言うことを聞けなくなったのは（笑）。ずーっと父親に抑圧されていたのがなくなって、現実的にも精神的にも抑えるものがなくなった。僕にとっての「自由」を手にしたんです。その時に、

「これは絶対に手放したくない」

と思いましたね。今はもうそんな風にいちいち思う必要がなくなりましたけど、僕の根本、生き方にはこの時の感覚があります。

ただこれには副作用があって、自分でも「ヒドイな」と思うくらいに、人の言うことを聞けなくなった(笑)。自分が抑えられないんです。もう一生分、忖度しちゃったから。だからそれから8年間務める郵便局時代は「遅れてきた反抗期」で(笑)。今思い出してもヒドくて申し訳なくなります。謝りませんけど(笑)。

僕はこういう環境で育ったので、よく聞く「家族は仲良く」「家族一緒に」という言葉はよくわからないんです。もちろんそういう家族もあるんでしょうけれど、「僕は違うよ」と。

だから「そういう話のなかに雑に混ぜたり、共感を強要するのはやめてくださいね」という感じです。

でもいろいろな人と話すと、結構みんなそれなりにあるんですよね。そこで面倒臭いから一般論で語ったり、語られたりしたがるんでしょう。だけど、

本当に嫌なら、忖度せずにそこから物理的に出ればいい。

僕の場合は地元を離れることで自分なりの自由を手に入れられた。もちろんそれにはリスクがあるけれど、そこに居続けるのもリスク。リスクのないことなんかないわけですから。

北海道にいる頃はなんで僕だけこんなに不幸なんだろうって思ってたんですよ。でも東京に来てみると、みんな割と不幸じゃないですか（笑）。もっと凄い人も結構いて、僕なんて全然たいしたことない（笑）。「ずいぶん小さい世界に住んでたんだなあ」って思いましたね。

だからって許したりやり直す気になれないですね。

ゴールを決めない

何かをしようとする時に、「ゴールを決めてそこへ向かう」というやり方がありますけど、僕の場合は「やりながら考える」ようにしています。

理由はロビンソンにレスリングを教わった時に、最初からゴールを決めないやり方を教わったからです。

ロビンソンって一つの技を教える時に、そこに至るまでの過程でたくさんある分岐や連携を時間の限り教えてくれたんです。その時によく「Depends on him（相手に依る）」と言っていて、相手の反応に合わせて動いて決める。こちらが決めた一つのゴールに無理に押し込むんじゃなくて、幾つもゴールを用意しておいて、相手のリアクションを引き出して自分からそのゴールに入っていくように仕向ける。

僕のイメージとしては、洞窟のなかでいくつもの分かれ道がある感じです。迷い込んだ相手が、分かれ道の一つを選んで進んでいくと、また新しい分かれ道に出くわす。そういう選択をさせ続けるうちに疲れて思考が遅れたり、止まったり

する。そこがチャンス。そのためには、

無数の選択肢をいっぱい自分のなかに持っておく。

そのための練習なんです。

だから僕の決め技というと、〝ロビンソン直伝のダブルアームスープレックス〟という印象があるけれど、意外に違うことも多くて、タイトルマッチごとに違うこともあります。それでもお客さんが納得してくれるのは、そこに至るプロセスをきちんと見せていて、ちゃんと理屈があるからです。

一人でやる作業、例えば試験勉強とかならゴールをあらかじめ決めておくこともいいんでしょうけど、他人が関わってくることでは、ゴールを一つに決めずに、全体として自分の方へ引き寄せることが大事だと思います。

ロビンソンの教え方

僕がスネークピット※でCACCを始めた頃、本当に繰り返しやったのは構えとステップです。宮戸（優光）さんの「前！右！左！」という号令に合わせて、構えを崩すことなく移動する。ずっと「なんだこれ」って思いながらやってましたよ。レスリングでもなんでもないじゃん、って（笑）。スラムダンクの三井くんじゃないですけど、「先生、レスリングやりたいです」ってずっと心のなかで言ってました（笑）。

でも、今になるとこれが全てだってわかります。人前では絶対にやらないですけれども、試合直前でも構えたりステップしたりしてますからね。これが身についてくると、技がうまくいかない時になにが悪いのか、自分で確認することができるんです。すると大体、足の位置が悪かったり自分のバランスが崩れたりしている。

※U.W.F.スネークピットジャパン（現C.A.C.C.スネークピットジャパン） 1999年に宮戸優光氏がヘッドコーチにビル・ロビンソンを招聘し東京・高円寺に設立した格闘技ジム。世界的にも貴重なCACCの道場。

ロビンソンに教わる時もそうでした。習った技が全然できなくて「こんなの、俺にはできないよ！」って思ってると、ロビンソンが「足をここに置いてみろ」とほんの少しだけずらしてくる。「そんなので変わるわけないだろ」と思いながら言われた通りにしてみると、スッと技がうまくいく。できない理由をすぐに見つけて、違う正しい手順で教えてくれる。そういうのってそれまで僕の人生のなかでなかったから、影響力が強かったですね。

そういう時にロビンソンを見ると、自分の頭をちょいちょいと指で突きながら、思い切りドヤ顔してるんですよ。で、

「お前は頭を使っていない」

と。それがムカつくんですけれども、言い返せないですよね。だって言う通りにすればできちゃうんですから（笑）。ロビンソンには初めから完璧なものを見せてもらった。だから納得できるし、疑問も浮かばなかったですね。

スパーリングが基本

ロビンソンはまずスパーリングをやらせて、駄目なところにきたらストップをかけて「そういう時にはこうやるんだ」と教えてくれました。とにかくスパーリング。ビリー・ライレー※もそうだったって聞きます。それは実際に起こる生のリアクションを重視していたからでしょう。だから毎回、全部違うんですよね。そういうリアクションを大事にしてました。

あと「やり切る」っていうこともロビンソンに言われましたね。みんななにかやっていて、少し手順を間違えるとそこで止めてしまう。そうではなく、

多少間違えていても最後までやり切る。

※ビリー・ライレー（Billy Riley）1896年6月22日～1977年8月27日　イギリス・ランカシャー出身。スネークピット（蛇の穴）ことビリー・ライレージムの創始者。ビル・ロビンソンをはじめ多くのレスラーにCACCを指導する。

実はこれが凄く大事で、僕も指導の時には必ず言っています。

技を個別に習うわけじゃないんです。技の名前とかもあまりない。例えば「組め！」と言われて組んだら「リスト！」と言われる。で、手首を掴んで、「ヘッドアップ！」と言われたらそうする。そんな感じですよ。で、「アームドラッグ！」と言われて、唐突に「ゴー！」と言われる（笑）。ただの「ゴー！」ですよ。意味がわからないから「え？」と聞き返したら「ゴー！！」と怒られて（笑）。それでもわからないから「何？」って聞くと「サルト！（投げ）」と。それで「サルトか」と納得して投げる。そういう感じですよ。技の名前なんてなくて、ただ「ゴー！」なんですから。犬じゃないんだぞと（笑）。

そういう風に流れで教わったので、僕もテクニックを分けて考えるということはやりませんね。だから、「こう来たらこう行かなきゃいけない」というのはないんです。腕を引くにしてもいろいろな引き方がありますから。そういうのに応じられるようにしていくんです。

僕は毎回、井上学※さんや他の人とスパーリングしてましたけど、子供や女性会員ともやりました。ロビンソンにも言われるんです。「小さい子とやれ」って。ふざけてやってると怒られました。お互いに間違いを覚えるからって。だからもし僕が子供にテイクダウンされても、「手順通りちゃんとディフェンスポジションになってから立て」と。そこを適当にやると怒られましたね。

僕にとってもいい練習になりましたよ。力を抜いて練習できるから。怪我させないように正しくやらざるを得ないじゃないですか。大人だと多少、雑でも大丈夫だけど、子供が相手だと怪我をさせかねない。その上、相手もちゃんとした動きを覚えないから意味がなくなっちゃうんです。

ロビンソンはプロ志向の人に対しても、女性や子供でも教え方を変えることはありませんでした。同じ技でも人によって足の長さや体格に合わせて、微妙に教え方を変えるんです。それを誰に対してもやるんです。そこはさすがでしたね。

※井上学　1978年11月1日～　愛知県名古屋市出身。初代バンタム級キング・オブ・パンクラシスト。

ロビンソンのサブミッション

ロビンソンからはサブミッションもたくさん教わりました。主に首を極めるネックロック系です。絞め落とすスリーパー系はあまりやりません。三角絞めとかは習いませんでした。理由は「参った」をさせることに重きを置いていたからでしょう。絞め落としちゃったら「参った」できないから（笑）。でもネックロックは痛い。それに〝首が折れるんじゃないか〟って恐怖感もある。だからギブアップする。

ロビンソン自身はフェイスロックが好きでしたね。「クロスフェイス」という呼び方をしてました。どんな体勢でも首をひねる技は全部クロスフェイス。あと首をひねると痛いから相手がひっくり返るでしょう。そうやってピンフォールを取るんです。むしろネックロックはそっちの用途がメインです。

あとはリストロック。ロビンソンはチキンウイングは「ダブルリストロック」、V1アームロックは「トップリストロック」と言ってました。

あとはグラウンドでのコブラツイストとか、これは「クロスフィックス」という名前で習いましたし、片足タックルのカウンターとしての脇固めとか。でもサブミッションを狙うというのは良しとしないんですよ。

だから「こういう技を決めてやろう」というゴールを決めて、そこに向かっていくということはありません。そういうやり方はおそらく「考えすぎだ」と言われるでしょう。

立った相手をテイクダウン（倒す、膝を付かせる）して、ディフェンスポジションになったところを、ブレイクダウン（相手を仰向けにする）してフォールする。その一連の流れのなかに出てくる感じです。関節技は相手から参ったを取ることよりも、リアクションを引き出すために使うことが多いですね。

あくまでも主なゴールは相手の両肩を床につけるピンフォール。実際の試合でもピンフォールで決着がつくことが圧倒的に多いですし、まずそれを狙いにいくはずなんです。

柔道だってそうじゃないですか。勝ちにいくなら、わざわざリスクを犯して関節技や絞め技を狙う必要はそれほどないでしょう。抑え込んだまま「抑え込み一本」を狙った方がずっと確実です。だから関節技は相手を痛みで動かして、より有利な位置を奪うための技として用いられることが多いです。「Make reaction」とロビンソンは言ってました。そうやって、相手のリアクションを引き出して、それに対応していくことで、相手をコントロールするんです。

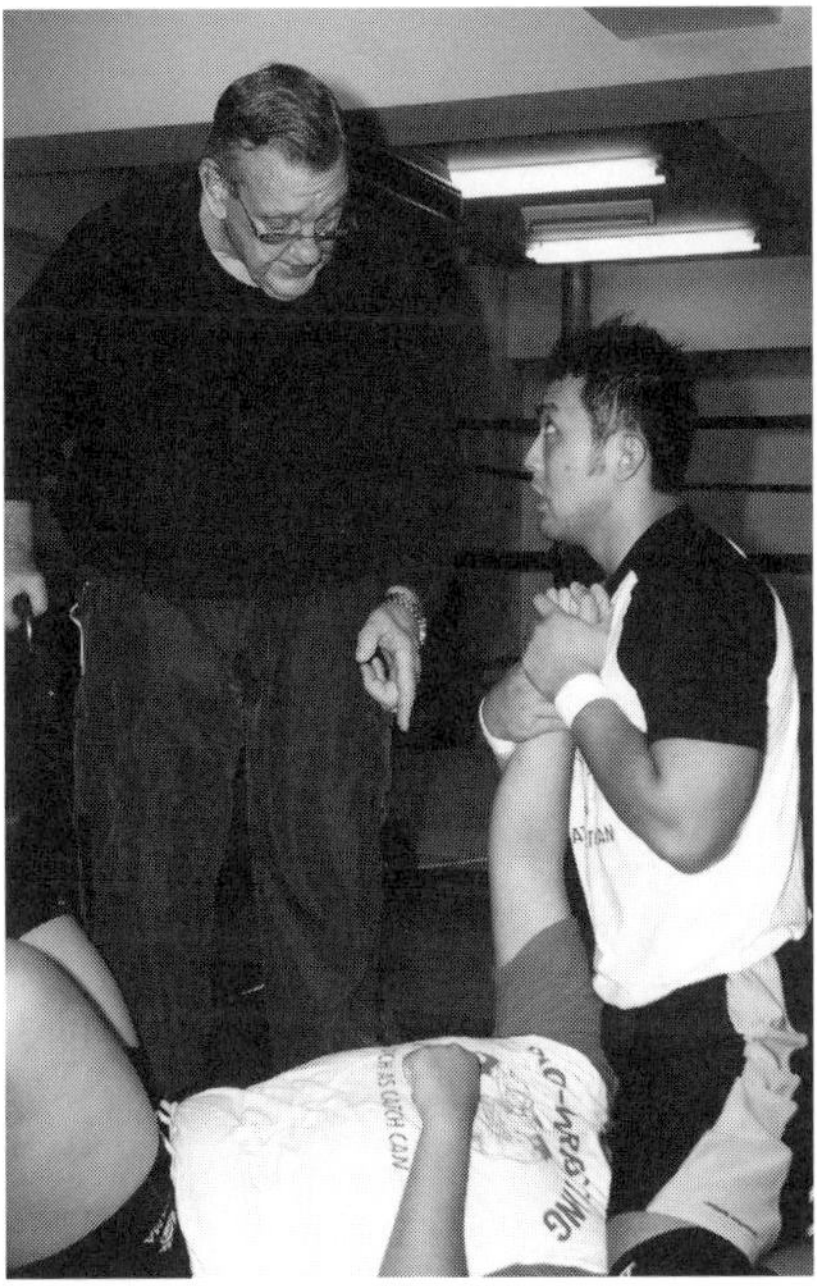

2006年11月　ロビンソンからリストロックの指導を受ける著者。

それもあって、例えば飛びつき腕十字みたいな、立ったところから相手に全体重を預けて、いきなり関節技を狙いにいくような技はロビンソン的には良しとしません。「叩きつけられたら終わりだろ」と言われてしまいます。あくまでもテイクダウン、ブレイクダウン、フォールもしくはサブミッションという順に攻めていく。

お互いがイーブン（互角）なところから、6：4、7：3と少しずつ有利なポジションを奪っていって、勝算がかなり高くなって初めて勝負を仕掛けるんです。それは守る方も同じ。2：8で不利だとしたら、3：7、4：6と少しずつ回復して、イーブンに戻る。

「イーブンに戻せ」というのもロビンソンによく言われた言葉です。なんでこんな手順が必要なのかといったら、

リスクを最小限にするため。

テイクダウンが成功したからって、ブレイクダウンを飛ばしてフォールやサブ

ミッションを狙いにいくと危険だと言うんです。失敗した時に逆転される可能性があるから。でも有利な位置関係をしっかり守ってれば、もし失敗してももう一回トライできるだろうと。だから冒険はできるだけ避けるようにする。

だからスパーリングで腕十字をかけられそうなのを、クラッチして一生懸命耐えたりしてるのは駄目なんです。「Submit!（参ったしろ！）」と言われる。その形に入られた時点でもう1：9くらいで負けてるわけじゃないですか。ほとんど負けてるんだから、それを認めろということですね。

もちろんプロレスの試合ではそうはいかないですし、チャレンジしないとお客さんも喜んでくれませんけど、ロビンソンの教え自体はそうでした。

そうはいっても僕はわりとギャンブラーなんで、よく怒られましたね（笑）。三角絞めを極めようとしたら「肩をつけるな」と怒られたので、相手の首を足で絞めたままフランケンシュタイナーみたいにして投げようとしたらやっぱり怒られたりとか。「そんなの相手の力が強かったらかからないぞ」って（笑）。でも何が良くて何が悪いかわからないじゃないですか。だから怒られながらもいろいろやってみました。ただ飛びつき腕十字は駄目でも、飛びつくような感じのテイクダウンを取る技はあるんですよね。それは相手を崩した上での技なので理には適っているんですけど、闇雲に飛びついたりトライしたりというのは駄目でしたね。

トライはしないといけないけど、勝算のないトライは駄目だ、と。

井上さんと僕でスパーリングをやってると、どんどんカウンター狙いになってきて膠着することがあるんです。するとやっぱり「ゴー！」と言われる。だからやっぱりアタックありきなんです。まずは自分から攻めて、リアクションをさせたうえでもう一回そこでアタックをかける。

カウンターといえば、わざと相手に掴ませてそれを取り返すやり方があるんですけど、ロビンソンはそれを掴ませないでやるんです。掴むギリギリですっと抜けるから相手のバランスが崩れる。その瞬間にテイクダウンを取るんです。あるべきところにあるべきものがすっとなくなる感じ。なんなんですかね、あの感覚は。

やっぱりロビンソンは教え方がうまかったですね。きちんと理屈で教えてくれるから納得できるし、楽しい。もともと僕はプロになるつもりはなくて、普通に月謝を払う生徒としてスネークピットに入って、最初の頃は行ったり行かなかったりだったのが続いて、今、こうやってプロレスで飯を食べているのはロビンソンのお陰です。

ロビンソンの死

だから2014年の2月にジョシュ（・バーネット）から「He passed away」（彼が亡くなった）」と、ロビンソンが亡くなったと聞いた時はガクッときました。ロビンソンにはデビュー戦しか見てもらってなくて、その頃はIGFもプロレスができなくなってきた頃だったので〝このまま辞めようか〟と思って、ジョシュにそう返事をしたら「どうしてだ？　アメリカに来ていっしょにやろう。頑張れ」というような返事が来て、一日考えましたね。

そのうちに「辞めたら、ロビンソンから教わったプロレスラーがいなくなるな」と。それはジョシュにも言われていたので、「じゃあやってみるか」と。

もうその頃はＩＧＦで定期的なプロレスができなくなってきていたので、事務所に「フリーになるのでプレスリリースをしてください」と言って、「わかりました」と返事をもらったままひと月が過ぎていたんですよ。

その時に「レスラー専業で食えなかったら辞めよう」と思っていました。

プロレスラーというのは区切りのない商売で、ある意味でいつまでも名乗り続けることができる。だけど僕みたいなレスラーがいつまでも残り続けるのは邪魔になるだけだから、その区切りが「専業で食えなかったら辞める」だったわけです。

「フリーでやれるだけやろう」と改めて思って、「猪木さんに言いに行こう」とＩＧＦ宛に「もう自分でリリースを出しますから大丈夫です。猪木さんには直接僕が退団の挨拶に行きます」とメールをしました。ＩＧＦからは電話とメールがガンガン来ましたけど全部無視（笑）。

猪木さんの奥さんに連絡をして、アポが取れたので将軍（岡本）と一緒に会いに行ったら、猪木さんに、「なに、もうIGFには出ないのか？」と聞かれたので「いえ、フリーになりたいだけなので、オファーをいただければお願いします」「ああ、そうか。俺も辞めたことあるしな」と。その話は5分くらいで、後は北朝鮮の話と力道山の話でした（笑）。

最後に「お前ら、俺がスポンサー探してやるから興行やれ」と言われて。「俺、辞めるって言ったんだけどな」と思いましたね（笑）。

振り返るとロビンソンの影響はレスリングはもちろん、レスラーとしても転機、生き方にも関係していますね。

やっぱりそこにはロビンソンが教えてくれたCACCというものに対する責任感、というよりも寂しさがあるんでしょうね。CACCが無くなっちゃうという寂しさ。それで〝やれるだけやってみよう〟と。やるんだったらとことん、ロビンソンを徹底的にパクろうと。アブドーラ・小林のように（笑）。その上で生活するために目の前のことを全力でやろう、という。その気持ちは今も同じです。

ロビンソンのことは尊敬しています。ロビンソンに教えてもらったということが、世代を超えていろいろな人に知り合える〝ロビンソン・パス〟にもなっていて感謝しています。だけど別にロビンソンが完璧かと言えばそんなことはなくて、私生活では全然駄目で（笑）。「ダイエットする」と言いながらアイス食べてビール飲んでましたから（笑）。そういうところを含めてビル・ロビンソンという人間。

完璧な人間なんかいないわけです。それは猪木さんも僕も同じで人間は矛盾した生き物なんです。その矛盾をまるごと含めて、

あんな風に生きて、死にたいな、と思ってます。

撮影のために最後にロビンソンに会った時にもらったまま仕舞っていたジャケットを持って来たところ、なんとポケットからロビンマスクとアトランティスのキン消しが登場！著者をはじめスタッフを驚かせた。
「12年越しのロビンソンギャグですね（笑）」（鈴木）

鈴木秀樹 (Suzuki Hideki)

1980年2月28日生まれ、北海道北広島市出身。生まれつき右目が見えないというハンディを抱えていたが、小学生時代は柔道を学ぶ。中学時代にテレビで見ていたプロレス中継で武藤敬司に魅了され、プロレスの虜になる。専門学校卒業後、上京。東京・中野北郵便局に勤務。2004年よりUWFスネークピットジャパンに通うようになり、恩師ビル・ロビンソンに出会う。キャッチ アズ キャッチ キャンを学び、2008年11月24日、アントニオ猪木率いるIGF愛知県体育館大会、金原弘光戦でデビュー。2014年よりフリーに転向。ゼロワンやレッスルワン、大日本プロレス、ノアなどを中心に活躍。191センチ、115キロ。

著書『ビル・ロビンソン伝 キャッチ アズ キャッチ キャン入門』(日貿出版社)

公式サイト https://suzukihideki.official.ec/

参考文献

『週刊プロレス』（ベースボール・マガジン社）
『フッーのプロレスラーだった僕がKOで大学非常勤講師になるまで』（ケンドー・カシン著　徳間書店）
『50歳で初めてハローワークに行った僕がニューヨーク証券取引所に上場する企業でゲストコーチを務めるまで』（ケンドー・カシン著　徳間書店）

※本書に登場する肩書きは全て2020年9月現在のものです。

捻(ひね)くれ者(もの)の生(い)き抜(ぬ)き方(かた)

●定価はカバーに表示してあります

2020年10月30日　初版発行

著　者　鈴木(すずき) 秀樹(ひでき)
発行者　川内 長成
発行所　株式会社日貿出版社
東京都文京区本郷5-2-2　〒113-0033
電話　(03) 5805-3303（代表）
FAX　(03) 5805-3307
振替　00180-3-18495

編集協力　北川貴英
カバー・本文　撮影　長尾 迪
写真協力　週刊プロレス（株式会社ベースボール・マガジン社）
印刷　株式会社シナノ パブリッシング プレス

ISBN978-4-8170-6033-4　http://www.nichibou.co.jp/